智能停车系统集成与维护

主 编　潘　屹　胡　琰　陈　媛
副主编　王　庆　陈　岚　王任映　赵　竹
参　编　廖晓露　段潇乐　刘虹秀　罗海芳
　　　　李金阳　夏思倩

机 械 工 业 出 版 社

本书主要介绍了智能停车系统中车牌识别一体摄像机的安装与调试、出入口管理设备的安装与调试、视频车位引导设备的安装与调试、智能停车管理系统软件的使用、停车场的规划与云平台的应用共 5 个项目 11 个任务的内容。本书配有活页式任务工单，能更好地将教学与实际问题相结合。本书内容翔实、操作性强，附有大量案例及详细操作步骤、技术要点，适合职业院校教师和学生阅读，本书重点、难点内容还配有二维码视频链接，读者可通过手机扫码观看。

本书既可作为职业院校智能交通技术相关专业教材，也可作为智能交通技术相关行业人员的参考书。

本书配有电子课件等资源，凡选用本书作为教材的教师，均可登录机械工业出版社教育服务网（www.cmpedu.com）注册后免费下载，或联系编辑（010-88379756）索取。

图书在版编目（CIP）数据

智能停车系统集成与维护／潘屹，胡琰，陈媛主编.
北京：机械工业出版社，2025. 2. -- ISBN 978-7-111
-77448-8

Ⅰ. U491.7

中国国家版本馆 CIP 数据核字第 2025F44S36 号

机械工业出版社（北京市百万庄大街 22 号　邮政编码 100037）
策划编辑：谢熠萌　　　　　　　责任编辑：谢熠萌
责任校对：贾海霞　丁梦卓　　　封面设计：王　旭
责任印制：邓　博
北京盛通数码印刷有限公司印刷
2025 年 4 月第 1 版第 1 次印刷
184mm×260mm · 11 印张 · 247 千字
标准书号：ISBN 978-7-111-77448-8
定价：49.80 元（含任务工单）

电话服务　　　　　　　　　网络服务
客服电话：010-88361066　　机　工　官　网：www.cmpbook.com
　　　　　010-88379833　　机　工　官　博：weibo.com/cmp1952
　　　　　010-68326294　　金　书　网：www.golden-book.com
封底无防伪标均为盗版　机工教育服务网：www.cmpedu.com

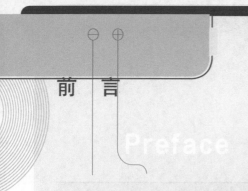

前　言

Preface

在汽车保有量急剧增加和城市停车需求日益增长的今天，行业急需熟悉智能停车系统规划设计、安装施工、调试验收和运维的高技能人才。智能停车系统运维已经成为智能交通相关专业的必修课程或重要的选修课程。

本书融入编者的实际工程经验，详细介绍了智能停车系统的规划设计、施工安装、调试与验收、工程管理等专业知识。本书内容循序渐进，层次清晰，图文并茂，好学易记。本书具有以下特色。

1. 落实立德树人的根本任务

本书以立德树人为根本任务，每个任务均设有素养目标，并在部分知识点、知识拓展等环节中有机融入，培养学生的爱国精神、工匠精神、创新精神和团队协作精神等。

2. 重视操作，采用活页式编写体例

本书主教材用较少的篇幅讲述基础原理，将重点放在实际应用上，以便学生理解和应用。为了加深学生对知识、技能的理解与掌握，本书任务工单采用活页式编写体例，以"任务目标-任务准备-制订计划-计划实施-质量检查-评价反馈"为环节设计工单内容，形成闭环，契合学生的心理特点和认知习惯，同时方便老师教学使用。

3. "互联网+"配套资源丰富

党的二十大报告指出："推进教育数字化，建设全民终身学习的学习型社会、学习型大国。"本书深入贯彻落实教育数字化的理念，除了配有电子课件等资源外，还配套了相应的视频教学资源，以二维码视频链接的形式嵌入其中，以方便学习者学习。

全书共有 5 个项目计 11 个任务，主要包括智能停车系统中车牌识别一体摄像机的安装与调试、出入口管理设备的安装与调试、视频车位引导设备的安装与调试、智能停车管理系统软件的使用、停车场的规划与云平台的应用。

本书由湖南交通职业技术学院潘屹、胡琰、陈媛担任主编，负责全书统稿工作，并负责项目 1、项目 3、项目 4、项目 5 任务 10 和任务工单的编写；湖南交通职业技术学院王庆、陈岚、王任映、赵竹担任副主编，负责项目 2 的编写；长沙京北电子科技有限公司罗海芳，湖南交通职业技术学院廖晓露、段潇乐、刘虹秀、李金阳、夏思倩共同编写了项目 5 任务 11。

湖南交通职业技术学院谭任绩教授任本书主审，对本书提出了许多宝贵的意见，长沙京北电子科技有限公司相关技术工程师对本书的编写工作给予了大力支持，在此对他们深表谢意。

由于编者水平有限，加之高新技术不断发展、教学内容不断更新，书中难免有不妥之处，恳请读者批评指正。

编　者

二维码索引

名称	二维码	页码	名称	二维码	页码
车位引导系统工作流程		046	反向寻车工作原理		050
车位引导系统的分类		047	终端机引导的原理		050
视频车位引导		047	终端反向引导的类型 1		050
地贴式超声波车位引导		047	终端反向引导的类型 2		050
前置式超声波车位引导		047	终端反向引导的类型 3		050
AI 智能停车及场内引导系统的组成		047	停车场后台管理系统		055
AI 智能停车及场内引导系统功能		047	停车场管理系统的使用（岗亭设置）		060
AI 智能停车及引导流程和特点		048	智能停车场设计原则		065

目 录

Contents

车牌识别一体摄像机的安装与调试

 **项目描述**

本项目主要介绍车牌识别一体摄像机的安装与调试。通过本项目的学习，学生应能够完成车牌识别一体摄像机的安装与调试，掌握不同传输条件下视频信号传输的方法，并能够对车辆识别功能进行设定。

任务1　车牌识别一体摄像机的连接与配置

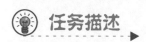 **任务描述**

本任务学习车牌识别一体摄像机的安装与调试知识，结合模拟实验停车场环境，完成设备安装与设备调试，并在停车管理系统中完成视频车牌识别检测功能实验。

学习目标

知识目标

了解车牌识别一体摄像机在停车场系统中的应用。

技能目标

1. 能够完成车牌识别一体摄像机的安装与调试。

2. 能够熟练应用视频采集功能，完成车牌信息采集。

素养目标

1. 使学生树立创新精神。

2. 培养学生的团队协作意识。

 **知识准备**

引导问题：什么是智能停车场系统？

一、智能停车场系统简介

智能停车场是利用先进的无线通信技术、移动终端技术、卫星导航定位技术、地理信息系统（GIS）技术等，对城市停车位进行采集、管理、查询、预订与导航服务的现代化停车场。

智能停车场的核心在于实现停车位资源的实时更新、查询、预订与导航服务一体化，从而提高停车位资源利用率、停车场利润和车主停车体验。

相比之下，传统停车场往往依赖人工管理，效率较低，缺乏实时数据监控和优化，用户体验不如智能停车场。

二、智能停车场系统的作用

智能停车场系统具有如下作用：

1）使城市中的汽车能够顺畅移动。

2）使汽车交通量分配合理化。

3）促进公共交通的发展。

4）可组织动态交通。

三、智能停车场系统设备

智能停车场系统设备有入口设备、出口设备、场区设备、中央管理设备等，如图 1-1 所示。

1. 入口设备

停车场入口设备主要有入口道闸、车牌识别一体摄像机、车辆检测器、地感线圈等，如图 1-2 所示。

1）入口道闸：一般安装在停车场入口安全岛上，通过挡车杆实现车辆的阻挡和放行。

2）车牌识别一体摄像机：一般安装在入口道闸附近，主要包括识别摄像机和信息显示部分。具有自动采集车牌信息、识别与显示车牌信息、语音提示、入口道闸控制等功能。

3）车辆检测器：一般集成安装在入口道闸内部，根据采集的数据判断是否有车辆经过，并输出相应的逻辑信号。

4）地感线圈：作为数据采集设备，一般暗埋在入口道闸附近的车道区域。

2. 出口设备

停车场出口设备主要有出口道闸、车牌识别一体摄像机、车辆检测器、地感线圈，如图 1-3 所示。

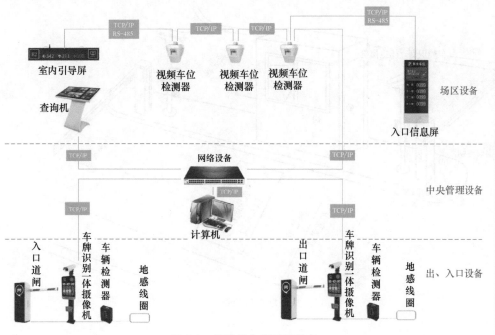

图 1-1 智能停车场系统设备

停车场主要设备

停车场系统集成的组成结构

停车场入口组成

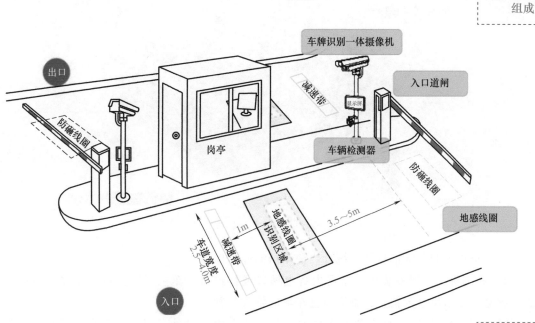

图 1-2 停车场入口设备

3. 场区设备

停车场场区设备主要有视频车位检测器、查询机、入口信息屏、室内引导屏，如图 1-4 所示。

1) 视频车位检测器：一般安装在车位上方，采用视频识别技术判断当前车

停车场场区组成

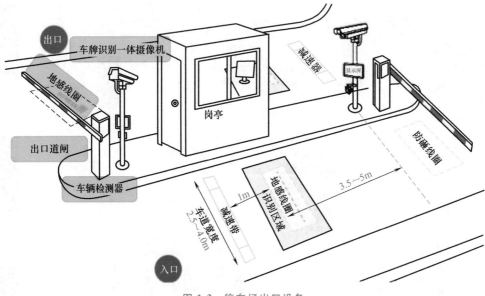

图 1-3 停车场出口设备

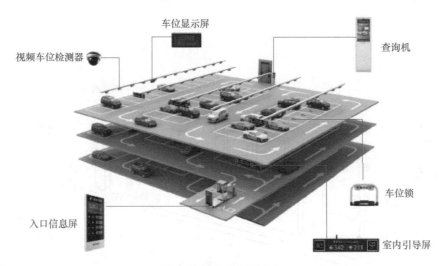

图 1-4 停车场场区设备

位状态、车位上的车辆信息等，统计当前车场的停车信息。

2）查询机：一般安装在停车场内各电梯口或楼道口，车主可在查询机上输入自己车辆的车牌号码或车位号等信息，查询自己车辆的停放位置。

3）入口信息屏：一般安装在入口安全岛上或车库入口处，用于显示当前停车场内的剩余车位数量等信息。

4）室内引导屏：一般安装在停车场道路拐角、分岔口等位置，方便车主第一时间了解相关方向区域的空余车位情况。

4. 中央管理设备

停车场中央管理设备主要有收费岗亭（控制室）、计算机、网络设备、管理软件，如

图 1-5 所示。

1）收费岗亭（控制室）：一般设立在出入口，用于管理临时车辆和收费。没有临时车辆的停车场可以不设。

2）计算机及网络设备：主要包括管理中心服务器、计算机、路由器、交换机、打印机等设备。

3）管理软件：一般包括车牌识别管理软件、车位引导管理软件、反向寻车管理软件等。

图 1-5　停车场中央管理设备

四、车牌识别一体摄像机

车牌识别一体摄像机（图 1-6）是专门针对停车场行业推出的嵌入式智能高清车牌识别一体机产品。它集车牌识别、摄像、前端储存、补光等功能于一体。其基于车牌自动曝光控制算法，成像优异，具有功能多、适应性高、稳定性强等特点。

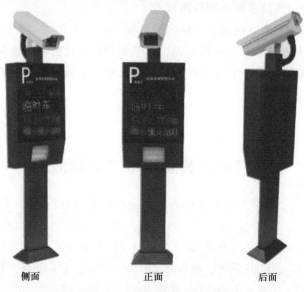

图 1-6　车牌识别一体摄像机

车牌识别一体摄像机能把光学图像信号转变为电信号，以便于存储或者传输。其工作原理是摄像机镜头收集车牌上反射的光，使其聚焦在摄像器件的受光面（例如摄像管的靶面）上，再通过摄像器件把光能转变为电能，即得到了"视频信号"，再通过车牌识别算法分析得到相应的车牌信息。

1. 车牌识别一体摄像机的功能

每一个车牌识别一体摄像机（以下简称一体摄像机）都有自己的 IP 网址，并具有数据处理功能和内置应用软件，可担当网络服务器、FTP 服务器、FTP 用户端和邮箱的用户端。许多高级一体摄像机还具有移动探测、警报信号输出/输入、邮件支持等功能。网络摄像机不但支持所有的标准模拟闭路电视（CCTV）摄像机功能，而且可以为使用者提供更多的系统功能并能节省更多的成本。

一体摄像机采用了最先进的摄像技术和网络技术，具有强大的功能：内置的系统软件能实现真正的即插即用，使用户免去了复杂的网络配置；内置的大容量内存能存储警报触发前的图像；内置的 I/O 端口和通信接口便于扩充外部设备，如门禁系统、红外线感应装置、全方位云台等；提供软件包便于用户自行快速开发应用软件。

2. 车牌识别一体摄像机的优势

车牌识别一体摄像机相较于普通摄像机，具有以下显著优势。

1）清晰度高：能提供更清晰的图像，提升识别准确率。

2）传输稳定：以数字信号进行传输，抗干扰能力强，信号稳定。

3）可智能分析：内置智能分析，可支持多种监测功能。

4）能远程管理：可远程配置参数，便于系统维护。

5）易于集成：可无缝对接现代信息技术系统。

6）可扩展性强：可轻松添加摄像机，扩展系统。

7）布线成本低：可利用现有网络，减少布线成本。

8）检测方式多样：支持多种车辆检测技术。

9）环境适应性强：能防水防尘，适应多种气候。

10）图像处理技术先进：具有自动曝光、白平衡功能，可保障图像质量。

车牌识别一体摄像机因具备上述优势，而成为智能停车场管理系统的首选摄像机。

 知识拓展

智慧停车为智慧城市"疏脉活血"

我国正处在城镇化、机动化的快速发展阶段，新增需求持续快速增长，"停车难、乱停车"的问题日益突出。

截至 2023 年底，全国机动车保有量达到了 4.35 亿辆，其中汽车保有量为 3.36 亿辆。新注册登记机动车数量为 3480 万辆，相较于 2022 年增加了 1.6 万辆，增长率为 0.05%。汽车新注册登记量为 2456 万辆，比 2022 年增加了 133 万辆，增长率为 5.73%。

　　值得注意的是，全国有 94 个城市的汽车保有量超过了 100 万辆，相比 2022 年增加了 10 个城市。其中，成都、北京、重庆、上海、苏州 5 个城市的汽车保有量均超过了 500 万辆。

　　新能源汽车的保有量在 2023 年达到了 2041 万辆，全年新注册登记新能源汽车数量为 743 万辆，占新注册登记汽车数量的 30.25%，增长率为 38.76%。

　　此外，机动车驾驶人数量达到了 5.23 亿人，其中汽车驾驶人为 4.86 亿人。2023 年，全国新领证驾驶人为 2429 万人。

　　停车设施的增长远低于汽车的增长，"停车难、停车乱"的问题仍然存在。

　　国务院办公厅转发国家发展和改革委员会、住房和城乡建设部等 4 部门关于推动城市停车设施发展的意见，着力加强规划引导，以市场化、法治化方式推动城市停车设施建设。其中提到，加快停车设施提质增效，优化停车信息管理，推广智能化停车服务。面对我国城市停车刚需缺口大、泊位利用率低的现状，智慧停车的发展成为解决交通问题、改善人们出行的重要手段，也是打造智慧城市的关键环节。在政府的大力支持下，多地积极布局智慧停车项目，为城市智慧化建设"把脉问诊开良方"。

停在哪儿？智慧信息平台疏通城市"经络"

　　停车管理缺少专业管理模式，停车场的车位周转率不理想，智能化、网联化水平低等是导致城市停车难的原因。多地正在搭建智慧停车管理服务平台，对公共停车场、泊位进行信息化改造，疏通智慧城市"经络"。

　　山东济宁将智慧停车列入 2020 年为民所办十件实事之一，共建成公共停车场 27 处，新增停车泊位 4821 个（其中，立体智慧停车场 8 个，新增停车泊位 1238 个）。2021 年 2 月，济宁市智慧停车管理服务平台正式运行，实行停车信息联网管理、停车资源共享。智慧停车管理服务平台统筹全市停车信息，通过本平台可实现全市"一键停车"。这一举措成为解决城市停车问题、改善城市交通环境的重要推动力，为智慧停车建设按下"快进键"。

怎么停？新兴技术为智慧停车"活血"

　　多地在推广"智慧停车"过程中，引进了第五代移动通信技术（5G）、云计算、物联网等高科技手段。科技的"介入治疗"，打通了智慧停车发展"血脉"。

　　在北京，市民可以将车停在路边画有白线的停车位，路边的高位视频摄像机精准地捕捉到车位信息，并开始计时收费。车主驶离停车位后，打开手机上的"北京交通"APP，即可用手机支付停车费用。据介绍，近年来，北京道路停车改革的主要技术装备——高位视频监控"超级眼"，集合了智能化道路停车诱导和即时缴费服务等功能。"超级眼"高位视频图像识别系统以及大数据与人工智能（AI）技术，持续识别、检测车位空闲或占用状态，采集停放车辆图片信息，记录车辆驶入、驶出时间，自动上传停车信息，并进行全程视频取证。当车辆离开视频区域内的停车位时，"超级眼"将自动识别车辆离场动作、车辆和车牌信息并上传云端。平台根据车辆入、出场信息形成完整订单，并推送详细的入出场时间、停车时长以及费用等信息至车主手机 APP。

在云南昆明，采用了"5G+云计算+物联网+人工智能+区块链"等手段加快停车设施改造来缓解"停车难"。随着昆明主城区建成备案的 1718 个公共停车场、556082 个停车位信息化改造的推进，以及"云智停车"APP 各项功能的完善，市民通过 APP 可以找车位、预约车位、车位分享、车位租赁、发票申领、欠费补缴、无感停车。比如在找车位时，单击"找车位"选项，就能显示目的地周边距离 1000m 范围内的所有停车场，并显示停车收费标准及空余车位。据悉，未来还能实现车位预约，可为市民停车提供极大便利。

未来方向在哪儿？车路协同增强智慧化发展"动脉"

在城市和汽车都在进行数字化、网络化、智能化转型的大背景下，需要重塑汽车和城市的关系，最大限度地寻找二者的结合点，更加广泛、深刻地利用数字化、网络化、智能化的技术来解决汽车加速普及带来的停车难等"城市病"，使城市更健康、更安全、更宜居。

2021 年 4 月底，住房和城乡建设部、工业和信息化部印发通知，确定北京、上海、广州、武汉、长沙、无锡 6 个城市为智慧城市基础设施与智能网联汽车协同发展第一批试点城市，要求试点城市准确把握智慧城市基础设施与智能网联汽车协同发展试点的内容，建设"智慧的路"、部署"聪明的车"、建设"车城网"平台。可以说，智慧城市是智能网联汽车发展的"基础底座"，而智能网联汽车则是智慧城市发展的切入点。加快推进智慧城市基础设施与智能网联汽车协同发展，不仅能构建智慧城市基础设施新型感知体系，还对解决群众出行体验、赋能治理"城市病"发挥重要作用。

目前，住房和城乡建设部已在主要省会城市建成了城市信息模型（CIM）平台。在 CIM平台基础上，试点城市探索建设"车城网"平台，将城市道路设施、市政设施、通信设施、感知设施、车辆等进一步数字化，并接入统一平台进行管理，实现全面感知和车城互联。在推动城市停车设施发展过程中，国家发展和改革委员会、住房和城乡建设部等 4 部门支持有条件的地区推进停车信息管理平台与城市信息模型基础平台深度融合，对车辆进行实时动态监测和管理，对城市交通进行优化，为智慧停车、城市精细化治理提供强大的支撑。

城市停车设施是满足人民美好生活需要的重要保障，也是现代城市发展的重要支撑。加强城市停车设施建设与管理既是民生问题也是发展问题，具有重要意义。在各方的共同努力下，全国各地都在充分利用数字化、网络化、智能化变革的机遇，改善城市人居环境、提升城市运行效率和增强城市综合竞争力，不断寻找持续推动汽车与城市和谐共生、包容发展的最佳结合点和落脚点，让城市成为人民群众高质量生活的空间，增强人民群众获得感、幸福感和安全感。

任务 2　车牌的识别测试

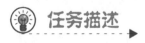 **任务描述**

本任务学习车辆号牌（以下简称车牌）识别一体摄像机的安装与调试知识，结合模拟实验停车场环境，完成车牌的识别设置，并在停车管理系统中完成视频车辆检测功能实验。

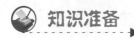

学习目标

知识目标

了解车牌识别的基本方法。

技能目标

1. 能够完成车牌识别一体摄像机在识别过程中的调试。

2. 能够熟练应用视频采集功能,完成车辆信息采集。

素养目标

1. 使学生树立探索精神,培养其团队协作意识和独立思考问题的习惯。

2. 培养学生产品策划与调试流程的创新设计能力。

知识准备

引导问题 1:什么是车牌识别?

一、车牌识别概述

车牌识别技术是针对摄像机所拍摄的车辆图像或动态视频,经过机器视觉、图像处理和模式识别等算法处理后,自动读取车牌号码、车牌颜色等信息的技术,如图 1-7 所示。

摄像机的分类

认识车牌识别
一体摄像机

图 1-7 车牌识别技术

车牌识别系统常见产品形式有软硬件一体式和软硬件开放式两种。

1. 软硬件一体式

软硬件一体式车牌识别设备是一种将车牌识别所需硬件设备和软件设备集成于一体的设备,它通常包括高清摄像头、图像处理系统、车牌识别算法以及相关网络设备。其整个识别过程都由一个设备完成。

优点:易操作及控制,后期维护调试方便。

2. 软硬件开放式

软硬件开放式车牌识别系统的硬件采用标准工业产品，其软件为嵌入式软件。

优点：其硬件运行维护容易，备品备件采购可以从任何一家厂商获得，不用担心因为一家厂商倒闭或供货不足而出现产品永久失效或采购困难的问题。

> 引导问题 2：车辆号牌识别工作流程是什么？

二、车牌识别主要工作流程

车牌识别主要工作过程为图像采集、图像处理、车牌定位、车牌校正、字符分割、字符识别（OCR）、结果输出，如图 1-8 所示。

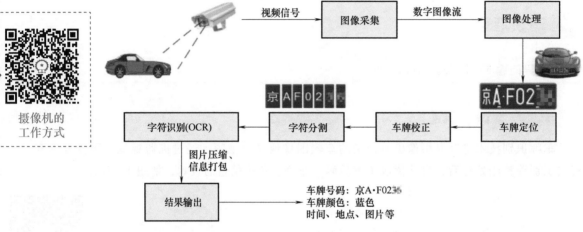

图 1-8　车牌识别主要工作流程

1. 图像采集

根据车辆检测方式的不同，图像采集触发方式一般分为外设触发和视频触发两种，其对比如图 1-9 所示。

触发类型	触发方式	优缺点
外设触发	采用地感线圈、红外线对射传感器或其他检测器检测车辆通过信号，车牌识别系统接收到车辆触发信号后，采集车辆图像，自动识别车牌，以及进行后续处理	优点：准确率高，性能稳定 缺点：需要切割地面铺设线圈，施工量大
视频触发	采用动态运动目标序列图像分析处理技术，实时检测车道上车辆移动状况，发现车辆通过时捕捉车辆图像，识别车牌，并进行后续处理	优点：施工方便，不需要切割地面铺设线圈，也不需要安装车辆检测器等零部件 缺点：由于算法的极限，该方案的准确率与识别率相较外设触发低很多

图 1-9　两种触发方式对比

1）外设触发：是静态模式下的图像采集，通过车辆触发地感线圈、红外线对射传感器或雷达等装置，摄像机在接收到触发信号后抓拍图像。

2）视频触发：是视频模式下的图像采集，车辆进入识别区后，触发模拟线圈，摄像机会自动抓拍识别。

2. 图像处理

由于图像质量容易受光照、天气等因素的影响，所以在识别车牌之前需要对摄像机和图像做一些预处理，以得到车牌最清晰的图像，如摄像机的自动曝光处理、自动逆光处理，图像的噪声过滤、图像缩放等。图像处理如图 1-10 所示。

a)　　　　　　　　　　b)　　　　　　　　　　c)

图 1-10　图像处理

3. 车牌定位

车牌定位是基于图像处理的技术。车牌定位技术主要分析车牌的几何特征（长宽比例一定）、形状及字符排列特征、频谱特征、灰度分布特征，如图 1-11 所示。

4. 车牌校正

由于受拍摄角度、镜头等因素的影响，图像中的车牌可能会存在倾斜或梯形畸变等变形情况，这时就需要进行车牌校正处理，以利于后续的识别。目前常用的校正方法有霍夫变换法、旋转投影法、透视变换法等。车牌校正如图 1-12 所示。

图 1-11　车牌定位

a) 标准图像　　　　　　b) 车牌位置未居中　　　　　　c) 车牌字符畸变

图 1-12　车牌校正

5. 字符分割

字符分割是指把定位出来的车牌图像字符串分割成单个字符，利用车牌的底色背景与车牌字符之间的色彩差异进行二值化处理，去除车辆底色背景后对车牌字符进行分割，如图 1-13 所示。

6. 字符识别（OCR）

字符识别的基本原理是将输入文字与各个标准文字进行模式匹配，计算类似度（或距离），将具有最大类似度（或最小距离）的标准文字作为识别结果。字符识别方法主要有基于模板匹配算法和基于人工神经网络算法两种。字符识别（OCR）过程如图 1-14 所示。

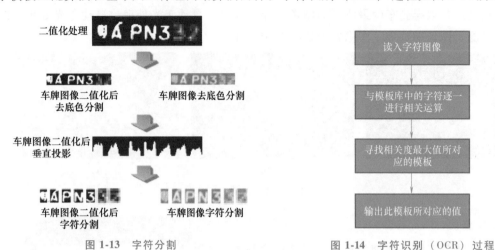

图 1-13　字符分割　　　　　　　　图 1-14　字符识别（OCR）过程

7. 结果输出

结果输出是将车牌识别结果以文本格式输出，包括车牌号码、车牌颜色、时间、地点、图片等，如图 1-15 所示。

图 1-15　结果输出

三、车牌识别技术的应用

车牌识别技术主要应用在智能停车场出入口、闯红灯违法抓拍等场景。

（1）智能停车场出入口　智能停车场出入口能实现无人值守、自动放行，系统可以自动识读经过车辆的车牌并查询内部数据库，对于需要自动放行的车辆，系统会驱动电子门或栏杆机让其通过，如图 1-16 所示。

图 1-16 智能停车场出入口

（2）闯红灯违法抓拍 闯红灯违法抓拍应用场景下，车牌识别过程包括拍摄车牌照片、灰度化处理、滤波处理、车牌定位、字符分割、字符识别，如图 1-17 所示。

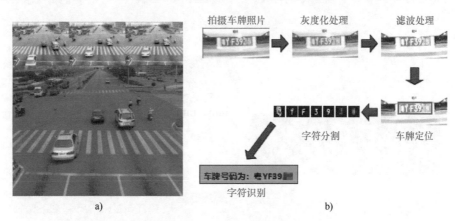

图 1-17 闯红灯违法抓拍

四、车牌的分类

车牌是标识车辆身份的号牌，车牌号码对车的意义就像身份证号对人的意义一样。车牌分类有利于车辆管理，也有利于提高交通管理水平。

办理机动车登记业务时，应按规则给机动车确定的编号。机动车登记编号包含用汉字表示的省、自治区或直辖市简称，用英文字母表示的发牌机关代号，由阿拉伯数字和英文字母组成的序号以及用汉字表示的专用号牌简称。

一般车牌的基材为金属，临时车牌的基材为纸质。

车牌是对各车辆的编号与信息登记，其主要作用是通过车牌可以确定该车辆的所属地区，也可根据车牌查到该车辆的主人以及该车辆的登记信息。常见车牌如图 1-18 所示。

1. 小型汽车号牌

小型汽车号牌如图 1-19 所示。

2. 大型汽车号牌

大型汽车号牌悬挂于总质量 4.5t（含）以上，乘坐人数（驾驶员除外）20 人（含）以

小型汽车号牌	大型汽车号牌	新能源汽车号牌	警用汽车号牌
使馆汽车号牌	领馆汽车号牌	港澳入出境车号牌	教练汽车号牌
军车号牌	民航车辆号牌	应急汽车号牌	其他特殊汽车号牌

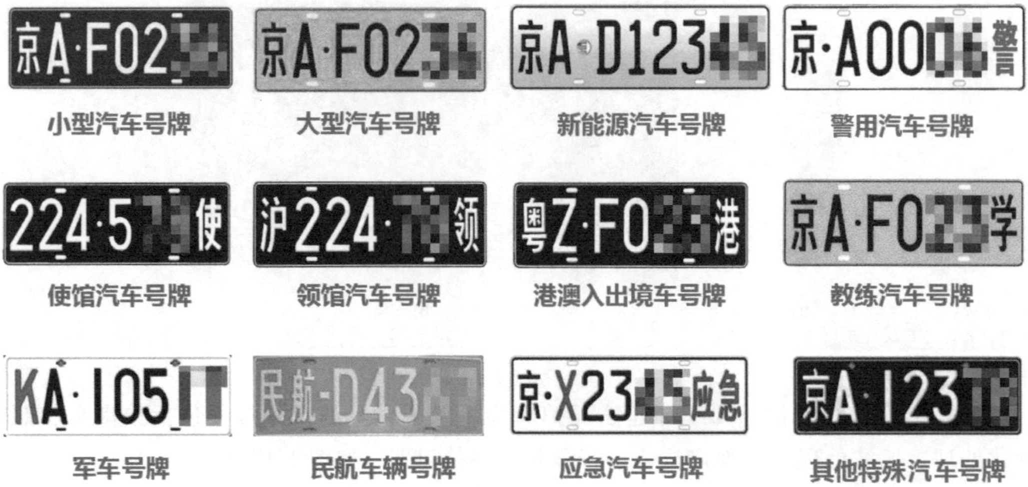

图 1-18 常见车牌

小型汽车号牌	
外廓尺寸 mm×mm	440×140
颜色	蓝底白字、白框线
适用范围	符合GA 802规定的中型以下的载客、载货汽车和专项作业车(适用小型新能源汽车号牌的除外)

图 1-19 小型汽车号牌

上或车长 6m（含）以上的车辆；号牌由车身号牌和挂车号牌（若有）2 部分组成。车身号牌如图 1-20 所示。挂车号牌如图 1-21 所示。

前号牌效果图

后号牌效果图

大型汽车号牌	
外廓尺寸 mm×mm	前：440×140
	后：440×220
颜色	黄底黑字、黑框线
适用范围	符合GA 802规定的中型(含)以上载客、载货汽车和专项作业车(适用大型新能源汽车号牌的除外)；有轨电车

图 1-20 车身号牌

挂车号牌	
外廓尺寸 mm×mm	440×220
颜色	黄底黑字、黑框线
适用范围	符合GA 802规定的挂车

图 1-21 挂车号牌

3. 新能源汽车号牌

新能源汽车号牌如图 1-22 所示。

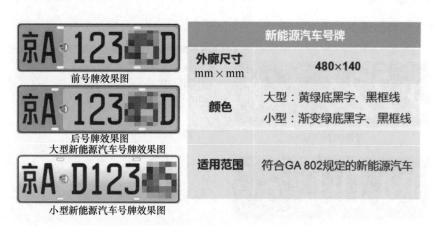

新能源汽车号牌	
外廓尺寸 mm×mm	480×140
颜色	大型：黄绿底黑字、黑框线 小型：渐变绿底黑字、黑框线
适用范围	符合GA 802规定的新能源汽车

图 1-22 新能源汽车号牌

4. 警用汽车号牌

警用汽车号牌如图 1-23 所示。

警用汽车号牌	
外廓尺寸 mm×mm	440×140
颜色	白底黑字、红"警"字、黑框线
适用范围	汽车类警车

图 1-23 警用汽车号牌

5. 使馆汽车号牌

使馆汽车号牌如图 1-24 所示。

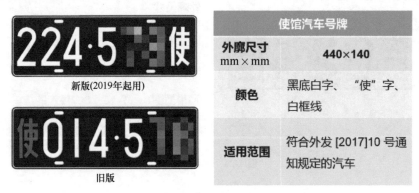

新版(2019年起用)

旧版

使馆汽车号牌	
外廓尺寸 mm×mm	440×140
颜色	黑底白字、"使"字、白框线
适用范围	符合外发 [2017]10 号通知规定的汽车

图 1-24　使馆汽车号牌

6. 领馆汽车号牌

领馆汽车号牌如图 1-25 所示。

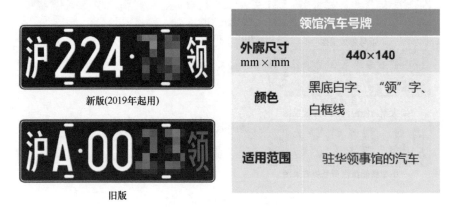

新版(2019年起用)

旧版

领馆汽车号牌	
外廓尺寸 mm×mm	440×140
颜色	黑底白字、"领"字、白框线
适用范围	驻华领事馆的汽车

图 1-25　领馆汽车号牌

7. 港澳入出境车号牌

港澳入出境车号牌如图 1-26 所示。

香港入出境车号牌

澳门入出境车号牌

港澳入出境车号牌	
外廓尺寸 mm×mm	440×140
颜色	黑底白字、白框线
适用范围	港澳地区入出内地的汽车

图 1-26　港澳入出境车号牌

8. 教练汽车号牌

教练汽车号牌如图 1-27 所示。

教练汽车号牌	
外廓尺寸 mm×mm	440×140
颜色	黄底黑字、黑框线
适用范围	教练用汽车

图 1-27　教练汽车号牌

9. 军用车辆号牌

解放军军车号牌是中国人民解放军军用车辆的标志，全军从 2013 年 5 月 1 日起统一使用的新式军用车辆号牌，如图 1-28 所示。

图 1-28　新式军用车辆号牌

10. 武装警察（简称武警）部队车辆号牌

新的武警部队车辆号牌自 2019 年 10 月 1 日起正式启用，在号牌式样上，新的车辆号牌与解放军现行车辆号牌外观式样、尺寸颜色保持一致，如图 1-29 所示。

武警车辆号牌(小车)

武警车辆号牌(大车)

图 1-29　武警部队车辆号牌

11. 应急汽车号牌

国家综合性消防救援车辆中符合执行和保障应急救援任务规定的应悬挂专用号牌，可悬挂该号牌的车辆类型如下：各类型消防车、应急救援指挥车、救援运输车、消防宣传车、火场勘查车。应急汽车号牌如图 1-30 所示。

图 1-30　应急汽车号牌

12. 民航车辆号牌

民航车辆号牌（图 1-31）：绿底白字，车牌以"民航"二字开头，字母和数字共 5 位。该号牌用于机场摆渡车、机场专用作业车、登机梯车等机场内专业车辆。悬挂民航号牌的车辆不具备公共道路行驶路权，不能驶离民航隔离区域。

民航车辆号牌	
外廓尺寸 mm×mm	440×140
颜色	绿底白字，白框线
适用范围	用于机场摆渡车、机场专用作业车等

图 1-31　民航车辆号牌

13. 其他特殊汽车号牌

20 世纪 80 年代为了吸引外资企业进入国内，专门向外资企业颁发了黑色的汽车牌照（简称黑牌）。从 2007 年开始，国内禁止颁发黑色车牌。已发黑色汽车牌照不收回，随车辆报废而取消。黑牌如图 1-32 所示。

低速车号牌如图 1-33 所示。

拖拉机号牌如图 1-34 所示。

号牌发放地区代码（部分）如图 1-35 所示。

图 1-32　黑牌

低速车号牌	
外廓尺寸 mm×mm	300×165
颜色	黄底黑字、黑框线
适用范围	符合GA 802规定的低速载货汽车、三轮汽车和轮式专用机械车

图 1-33　低速车号牌

正式拖拉机号牌　　　　　　教练拖拉机号牌

图 1-34　拖拉机号牌

1. 北京市(京)

ABCDEFGHIJKLNMOPQRSTUVWXYZ

2. 天津市(津)

ABCDEFGHIJKLNMOPQRSTUVWXYZ

3. 河北省(冀)

A 石家庄市　　B 唐山市　　C 秦皇岛市　　D 邯郸市　　E 邢台市　　F 保定市
G 张家口市　　H 承德市　　J 沧州市　　R 廊坊市　　T 衡水市

4. 山西省(晋)

A 太原市　　B 大同市　　C 阳泉市　　D 长治市　　E 晋城市　　F 朔州市
H 忻州市　　J 吕梁市　　K 晋中市　　L 临汾市　　M 运城市

5. 内蒙古自治区(蒙)

A 呼和浩特市　　B 包头市　　C 乌海市　　D 赤峰市　　E 呼伦贝尔市　　F 兴安盟
G 通辽市　　H 锡林郭勒盟　　J 乌兰察布市　　K 鄂尔多斯市　　L 巴彦淖尔市
M 阿拉善盟

图 1-35　号牌发放地区代码（部分）

6. 辽宁省(辽)

A 沈阳市	B 大连市	C 鞍山市	D 抚顺市	E 本溪市	F 丹东市
G 锦州市	H 营口市	J 阜新市	K 辽阳市	L 盘锦市	M 铁岭市
N 朝阳市	P 葫芦岛市	V 省直机关			

7. 吉林省(吉)

A 长春市	B 吉林市	C 四平市	D 辽源市	E 通化市	F 白山市
G 白城市	H 延边朝鲜族自治州		J 松原市	K 长白山保护开发区	

8. 黑龙江省(黑)

A L 哈尔滨市	B 齐齐哈尔市	C 牡丹江市	D 佳木斯市	E 大庆市	
F 伊春市	G 鸡西市	H 鹤岗市	J 双鸭山市	K 七台河市	M 绥化市
N 黑河市	P 大兴安岭地区	R 农垦系统			

9. 上海市(沪)

A B C D E F G H I J K L N M O P Q R S T U V W X Y Z

10. 江苏省(苏)

A 南京市	B 无锡市	C 徐州市	D 常州市	E 苏州市	F 南通市
G 连云港市	H 淮安市	J 盐城市	K 扬州市	L 镇江市	M 泰州市
N 宿迁市					

11. 浙江省(浙)

A 杭州市	B 宁波市	C 温州市	D 绍兴市	E 湖州市	F 嘉兴市
G 金华市	H 衢州市	J 台州市	K 丽水市	L 舟山市	

12. 江西省(赣)

A 南昌市	B 赣州市	C 宜春市	D 吉安市	E 上饶市	F 抚州市
G 九江市	H 景德镇市	J 萍乡市	K 新余市	L 鹰潭市	
M 南昌，省直系统					

13. 山东省(鲁)

A 济南市	B U 青岛市	C 淄博市	D 枣庄市	E 东营市	F Y 烟台市
G V 潍坊市	H 济宁市	J 泰安市	K 威海市	L 日照市	M 滨州市
N 德州市	P 聊城市	Q 临沂市	R 菏泽市	S 莱芜市	

14. 河南省(豫)

A 郑州市	B 开封市	C 洛阳市	D 平顶山市	E 安阳市	F 鹤壁市
G 新乡市	H 焦作市	J 濮阳市	K 许昌市	L 漯河市	M 三门峡市
N 商丘市	P 周口市	Q 驻马店市	R 南阳市	S 信阳市	U 济源市

图 1-35 号牌发放地区代码（部分）（续）

15. 湖北省(鄂)

A 武汉市	B 黄石市	C 十堰市	D 荆州市	E 宜昌市	F 襄樊市
G 鄂州市	H 荆门市	J 黄冈市	K 孝感市	L 咸宁市	M 仙桃市
N 潜江市	P 神农架林区	Q 恩施土家族苗族自治州		R 天门市	S 随州市

16. 湖南省(湘)

A 长沙市	B 株洲市	C 湘潭市	D 衡阳市	E 邵阳市	F 岳阳市
G 张家界市	H 益阳市	J 常德市	K 娄底市	L 郴州市	M 永州市
N 怀化市	U 湘西土家族苗族自治州				

17. 广东省(粤)

A 广州市	B 深圳市	C 珠海市	D 汕头市	E X Y 佛山市	F 韶关市
G 湛江市	H 肇庆市	J 江门市	K 茂名市	L 惠州市	M 梅州市
N 汕尾市	P 河源市	Q 阳江市	R 清远市	S 东莞市	T 中山市
U 潮州市	V 揭阳市	W 云浮市	Z 香港澳门进入内地车辆		

18. 重庆市(渝)

A B C D E F G H I J K L N M O P Q R S T U V W X Y Z

19. 四川省(川)

A G 成都市	B 绵阳市	C 自贡市	D 攀枝花市	E 泸州市	F 德阳市
H 广元市	J 遂宁市	K 内江市	L 乐山市	M 资阳市	Q 宜宾市
R 南充市	S 达州市	T 雅安市	U 阿坝藏族羌族自治州	V 甘孜藏族自治州	
W 凉山彝族自治州	X 广安市	Y 巴中市	Z 眉山市		

20. 贵州省(贵)

A 贵阳市	B 六盘水市	C 遵义市	D 铜仁地区	E 黔西南布依族苗族自治州
F 毕节地区	G 安顺市	H 黔东南苗族侗族自治州	J 黔南布依族苗族自治州	

21. 云南省(云)

A 昆明市　C 昭通市　D 曲靖市　E 楚雄彝族自治州　F 玉溪市　G 红河哈尼族彝族自治州　H 文山壮族苗族自治州　J 普洱市　K 西双版纳傣族自治州　M 保山市　N 德宏傣族景颇族自治州　P 丽江市　Q 怒江傈僳族自治州　R 迪庆藏族自治州　S 临沧市

22. 西藏自治区(藏)

A 拉萨市	B 昌都市	C 山南市	D 日喀则市	E 那曲市
F 阿里地区	G 林芝市			

图 1-35　号牌发放地区代码（部分）（续）

23. 陕西省(陕)

A 西安市	B 铜川市	C 宝鸡市	D 咸阳市	E 渭南市　F 汉中市
G 安康市	H 商洛市	J 延安市	K 榆林市	V 杨凌高新农业示范区

24. 甘肃省(甘)

A 兰州市	B 嘉峪关市	C 金昌市	D 白银市	E 天水市　F 酒泉市
G 张掖市	H 武威市	J 定西市	K 陇南市	L 平凉市　M 庆阳市
N 临夏回族自治州	P 甘南藏族自治州			

25. 青海省(青)

A 西宁市	B 海东地区	C 海北藏族自治州	D 黄南藏族自治州　E 海南藏族
自治州	F 果洛藏族自治州	G 玉树藏族自治州	H 海西蒙古族藏族自治州

图 1-35　号牌发放地区代码（部分）（续）

 **知识拓展**

我国车牌识别技术这些年取得了飞速的进步

车牌识别系统（Vehicle License Plate Recognition，VLPR）是计算机视频图像识别技术在车辆号牌识别（简称车牌识别）中的一种应用。车牌识别技术要求能够将运动中的车牌从复杂背景中提取并识别出来，通过车牌提取、图像预处理、特征提取、车牌字符识别等技术，识别车牌号码、颜色等信息，最新的技术水平为字母和数字的识别率可达到99.7%，汉字的识别率可达到99%。车牌识别技术结合电子不停车收费（ETC）系统识别车辆的应用中，过往车辆通过道口时无须停车，即能够实现车辆身份自动识别、自动收费。在停车场管理应用中，为提高出入口车辆通行效率，车牌识别技术可以针对无须收停车费的车辆（如月费货车、内部免费通行车辆），建设无人值守的快速通道，实现免取卡、不停车的出入体验。

随着机器学习特别是深度学习和前端嵌入式算法部署技术的兴起与技术成熟，以及芯片算力的大幅度提升、芯片成本的大幅度降低，产品的主流形态由软识别变成了车牌识别一体摄像机，车牌识别技术的应用取得了极大进步，车牌识别技术已进入全面商用时代。2006~2014年，车牌识别技术主要是应用在动态交通上，包括电子警察、公路卡口和高速公路；2014年后，在静态交通方面，车牌识别技术的应用迎来了大爆发，包括停车场、路内停车等场景的广泛应用。

2018年，车牌识别技术的应用场景不断细分，出现了智慧工地、智慧加油站、无人值守地磅等复杂场景。这些场景不仅对车牌识别一体摄像机的性能要求更高，也有独特的个性功能需求。

　　此外，车牌识别系统能否发挥最大效用，除了软件技术之外，与摄影机及现场施工能力有很大的关系。使用者可要求厂商至现场勘查后，提出建设规划方案，先评估应该架设的地点、摄影机架设角度、是否需要架设辅助光源等，再提出报价。

　　虽然车牌识别技术这些年取得了飞速的进步，但还未达到普适化通用的程度，要让车牌识别一体摄像机发挥最大的作用，各个应用场景的产品应使用专用的车牌识别一体摄像机。如适用于高速公路的车牌识别一体摄像机放在停车场就明显不太合适，适用于停车场的车牌识别一体摄像机用在加油站、工地等场景也表现较差。

　　可以预见，未来越来越多的细分场景都必须使用场景专用智能车牌识别一体摄像机，才能让车牌识别技术帮助企业实现大数据管理，从而完成行业改革进步。

任务 3　车牌识别一体摄像机 485 接口信息传输测试

🔆 任务描述

　　本任务主要通过学习车牌识别一体摄像机的安装与调试知识，结合模拟实验停车场环境，完成设备安装与设备调试，并在停车管理系统中完成视频车辆检测功能实验。

✕ 学习目标

知识目标
了解车牌识别一体摄像机在停车场系统中的应用。
技能目标
1. 能够完成车牌识别一体摄像机的安装与调试。
2. 能够应用视频采集功能，完成车辆信息采集。
素养目标
培养学生团队协作意识，使其树立探索精神和工匠精神。

📖 知识准备

引导问题 1：什么是视频 485 信号？

　　视频 485 信号是一种用于视频传输的数字电信号。485 信号是指 RS-485 通信协议，是一种广泛应用于串行通信的标准。它可以在不同设备之间传输数据，包括视频数据。

　　视频 485 信号在视频监控系统中常被使用。它通过 RS-485 通信协议将摄像机或其他视频设备与监控主机或控制器连接起来，实现视频信号的传输和控制。

　　通过视频 485 信号，摄像机可以将采集到的视频数据转换成数字信号，并通过 RS-485 通信协议传输给监控主机。监控主机可以接收和解码视频信号，并在监控终端进行实时显示或存储。

视频 485 信号不仅可以传输视频数据，还可以传输其他数据，如摄像机的控制命令。通过控制命令，监控主机可以对摄像机进行调整，如变焦、云台控制等。

总的来说，视频 485 信号是一种通过 RS-485 通信协议传输视频数据和控制命令的数字信号。它在视频监控系统中起到连接和传输视频信号的作用。

> **引导问题 2**：什么是单出入口信息传输系统组建与调试？

一、单出入口信息传输系统硬件搭建

单出入口即只有一个通道进出，车辆进出停车场都走同一通道，配备 2 个摄像机，分别识别进入停车场和离开停车场的车辆，共用道闸机。单出入口如图 1-36 所示，单出入口通道设备布局及连接如图 1-37 所示。

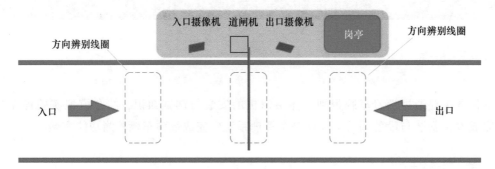

图 1-36　单出入口

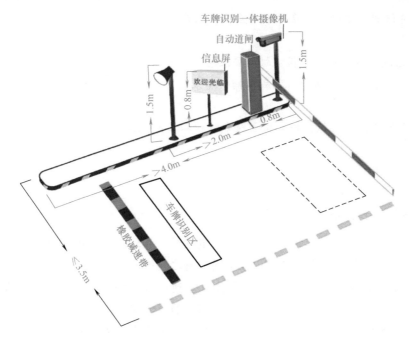

图 1-37　单出入口通道设备布局及连接

　　单出入口共用道闸,需要配置两块控制板,两块控制板一块设为主机,另一块则为从机,通过 RS-485 连接。两块控制板与共用道闸之间的接线如图 1-38 所示。

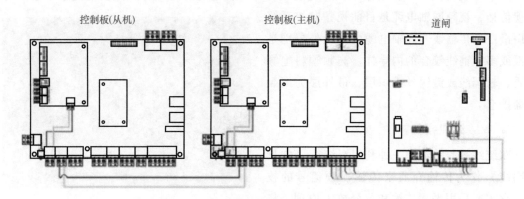

图 1-38　两块控制板与共用道闸之间的接线

　　在单出入口通道中,控制板与道闸之间通过"主从模式"连接后,通过 TCP/IP 协议接入停车场局域网。车辆的方向通过方向辨别线圈(实体线圈或车牌识别一体摄像机模拟线圈)进行判断。单出入口信息传输系统拓扑结构如图 1-39 所示。

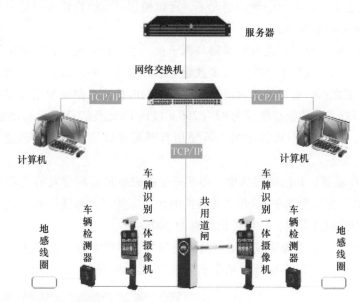

图 1-39　单出入口信息传输系统拓扑结构

二、视频系统传输方式

　　传输系统主要由控制信号电缆、视频同轴电缆组成,其作用是把视频监控系统的前、后端设备进行可靠的连接并传输信号。传输的信号为音视频信号和控制信号。常用的传输线缆有同轴电缆、双绞线和光纤。其传输方式有同轴电缆传输、双绞线视频传输、光纤传输、网络传输、微波传输和无线传输等。

认识电缆型号

1. 同轴电缆传输

同轴电缆（图 1-40）有射频同轴电缆和视频同轴电缆之分，射频同轴电缆通常用于有线电视传播，视频同轴电缆是目前视频监控系统应用最广的传输线。同轴电缆由内及外分别是单根或多根铜线绞合的内导体、高频塑料绝缘介质、软铜线或镀锡丝编织层，最外层为聚氯乙烯护套。

图 1-40 同轴电缆

2. 双绞线视频传输

双绞线视频传输是一种利用双绞线（常见的网线）作为传输介质来传输视频信号的技术。它主要采用平衡传输和差分放大原理，将视频信号转换为适合在双绞线上传输的格式。这项技术在监控系统中得到了广泛的应用，尤其是在传输距离不是太远的场合。

双绞线视频传输的优点包括：

1）成本较低：相比于同轴电缆和光纤，双绞线和相关设备的价格通常更加经济。

2）传输距离适中：在不加中继的情况下，可以使用双绞线传输视频信号达到 1500m，通过中继可以扩展到更远的距离。

3）抗干扰能力强：双绞线能有效抑制共模干扰，适合在电磁干扰环境中使用。

4）布线方便：双绞线易于布线，且多数建筑已经预埋了双绞线，可以减少布线工作量。

5）线缆利用率高：一根双绞线内的多对线可以同时传输多路视频信号或其他数据信号。

在短距离使用双绞线传输视频信号时（200m 以内）无须信号放大和增强，可使用无源视频传输器；超过 200m 的距离传输时，可使用有源视频传输器，对信号进行增强和放大，保证信号的有效传输。

① 无源视频传输器：其结构很简单，即在一个高磁通量、高带宽的磁环上，平行地绕制一对视频互感线圈，它只起到平衡/非平衡转换的作用。使用无源转换器，成本低廉，但其抗干扰能力较弱、传输距离有限，一般传输距离为 200m。

② 有源视频传输器：有源视频传输器具有信号放大和频率均衡处理功能，必须向传输器提供直流电源才能工作。有源视频传输器传输距离比无源视频传输器长，一般可达 1000 ~ 1500m。

3. 光纤传输

光纤传输系统由 3 部分组成：光源（光发送机）、传输介质和检测器（光接收机）。其中，光源和检测器的工作都是由光端机完成的。光纤如图 1-41 所示。

4. 网络传输

网络传输采用音视频压缩的方式传输监

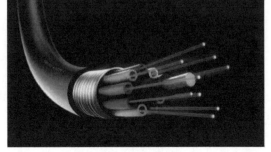

图 1-41 光纤

控信号，适合远距离及监控点位分散的监控。网络传输的优点是其采用网络视频服务器作为监控信号上传设备，有互联网的地方，安装上远程监控软件就可进行监看和控制。

5. 微波传输

微波传输（图 1-42）是几千米甚至几十千米不易布线场所的监控传输的解决方式之一。它采用调频调制或调幅调制的方法，将图像搭载到高频载波上，转换为高频电磁波在空中传输。

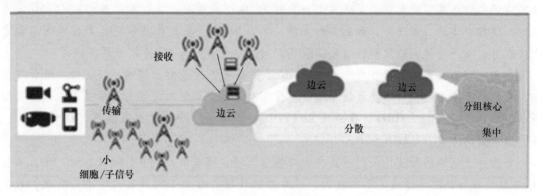

图 1-42 微波传输

其优点是省去了布线及线缆维护费用，可动态实时传输广播级图像。其缺点是由于采用微波传输，频段在 1GHz 以上常用的有 L 波段（1.0～2.0GHz）、S 波段（2.0～4.0GHz）和 Ku 波段（10～12GHz），传输环境是开放的空间，很容易受外界电磁干扰。

6. 无线传输

无线传输（图 1-43）又称为开路传输。其传输流程是音、视频信号→调制→高频信号→接收→解调→音、视频信号，然后在终端设备上播出或显示。它的特点是安装简便，但发射功率受到严格限制，传输距离一般不超过 500m。

图 1-43 无线传输

 **知识拓展**

华为——5.5G 领跑者

2023 年 10 月 11 日，2023 全球移动宽带论坛（Global MBB Forum 2023）期间，华为无线网络产品线总裁曹明发布了全球首个全系列 5.5G 产品解决方案。曹明表示："5.5G 正当其时，支撑新体验、新联接、新业务的发展。华为 5.5G 全系列产品解决方案使能网络能力十倍提升，整网谱效、能效和运维效率最优，助力运营商向 5.5G 高效平滑演进。"

据悉，华为发布的全球首个全系列 5.5G 产品解决方案是对于现有的 5G 网络进行增强和扩展，将为未来通信技术发展铺平道路。这个全系列产品解决方案主要涵盖了六大类别的新品，包括时分双工（TDD）、频分双工（FDD）、毫米波、分布式交互仿真（DIS）、天线、华为微波解决方案（MAGICSwave）。

华为作为我国的科技巨头，一直在全球通信领域占据着举足轻重的地位，近几年，其在 5G 网络的发展道路上遭遇了不少波折。面对外部环境的种种不利因素，华为始终坚持自主创新、自力更生的原则，通过不断的努力和探索，终于在 5G 芯片技术方面取得了重大突破，走出了一条属于自己的 5G 发展之路。

如今，随着 5.5G 商用网络的逐步成熟，华为在 5.5G 领域的发展前景越来越广阔。

移动通信从 1G 开始，经历了 2G、3G、4G，现在发展到了 5G。根据全球移动供应商协会（GSA）官网的信息，截至 2023 年 9 月底，全球移动供应商协会已确定全球 173 个国家和地区的 578 家电信运营商正在投资 5G 网络，包括 5G 网络试验、牌照获取、网络规划、网络部署和发布。该机构表示，这一数字不包括在美国公民宽带无线电服务（CBRS）频谱拍卖中获得优先接入许可的近 200 家公司，这些公司也有可能投资 5G 网络。

基于网络部署的快速推进，5G 正在从规模商用期跃升到高速发展期。5.5G 是华为面向 2025 年的移动通信市场要达成的目标。2023 年 10 月 10 日，在以"将 5.5G 带入现实"为主题的 2023 全球移动宽带论坛上，华为轮值董事长胡厚崑与全球移动通信系统协会（GSMA）总干事 Mats Granryd 围绕"5G 产业进程与发展"连线对话。胡厚崑表示："技术发展日新月异，新的需求层出不穷，移动网络能力也需要不断升级。为此，我们正努力将 5.5G 带进现实。最大化发挥现有投资价值的同时，为未来做好准备。"

胡厚崑对移动通信从 5G 到 5.5G 做了描述："下行 10Gbit/s、上行 1Gbit/s、千亿联接、内生智能。"5.5G 正当其时，通过提供 10 倍网络能力以及多维新能力，加速人、家、物、行业、车五大联接的升级。华为为全球提出的 5.5G 产品与解决方案，通过"宽带、多频、多天线、智能、绿色"五大基础能力持续创新，助力运营商构筑 5.5G 网络。

华为常务董事、华为信息和通信技术（ICT）基础设施业务管理委员会主任汪涛认为，5.5G 关键技术取得突破，超大带宽和超大规模天线阵列已验证万兆能力；物联全景清晰，5.5G 所支持的窄带物联网（NB-IoT）、低能耗轻量通信技术（RedCap）和无源物联网（Passive IoT）三类物联技术跨步向前，已具备收编所有物联的能力。偏重于光通信、固定

接入网络的超宽带5.5G，则是针对家庭、园区、小微企业、工业互联网场景而来。

对华为来说，5.5G与F5.5G将是两大演进路线，不仅是无线能力的提升，同时匹配光网络能力、固网能力的提升，未来市场窗口都指向2025年。

5.5G推动了数字化和网络智能化的发展，借助先进的算法和人工智能技术，5.5G网络具备了自我优化、自我修复的能力。这种智能化不仅提高了网络的性能，还降低了运维成本，使得通信系统更加高效、可靠。

全球5.5G商用正在加速。据介绍，当前，中东已率先实现5.5G规模商用，欧洲、亚太、拉美等地区运营商积极验证10Gbit/s能力，为5.5G商用做准备。对于华为来说，5.5G全球首个商业解决方案已经准备就绪，这将为全球通信技术打开更广阔的发展大门，引领未来科技潮流。

项目2

出入口管理设备的安装与调试

项目描述

本项目主要介绍出入口管理设备的安装与调试。通过本项目的学习，并结合之前所学习的相关知识及技能，学生应可以使用道闸一体机完成停车场的出、入口控制，使用各型车辆检测设备完成车辆检测。

任务4　道闸一体机的配置

任务描述

本任务主要通过学习道闸一体机的相关知识，结合模拟实验停车场环境，完成设备安装与设备调试，并在停车管理系统中完成道闸一体机检测功能实验。

学习目标

知识目标

1. 了解道闸一体机在停车场系统中的应用。

2. 了解道闸一体机的分类。

技能目标

1. 能够完成道闸一体机的安装与调试。

2. 能够正确选用道闸一体机。

素养目标

1. 培养学生的创新精神。

2. 培养学生的团队协作意识、动手能力，使其树立工匠精神。

 知识准备

引导问题1：什么是道闸机？

道闸机又称挡车器或栏杆机，是专门用于道路上限制机动车行驶的通道出、入口管理设备，现广泛应用于公路收费站、停车场系统管理车辆通道，用于管理车辆的出入。

道闸机可单独通过无线遥控实现起落杆，也可以通过停车场系统实行自动管理：车辆入场时，系统自动识别车辆后道闸机放行车辆；车辆出场时，系统收取停车费后道闸机自动放行车辆。道闸机有手动道闸机和电动道闸机两种，这里重点介绍电动道闸机，如图2-1所示。

电动道闸机由栏杆和道闸机机身组成，道闸机机身包含控制部分、驱动部分、电源部分、车辆检测器（选配）、声光提示装置（选配）等部分。电动道闸机的组成如图2-2所示。

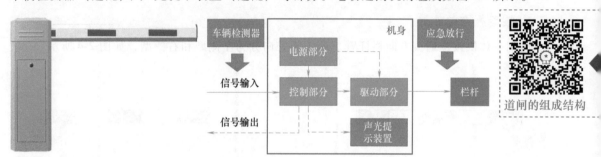

图2-1 电动道闸机　　　　　　　　　图2-2 电动道闸机的组成

电动道闸机实物与结构简图如图2-3所示。

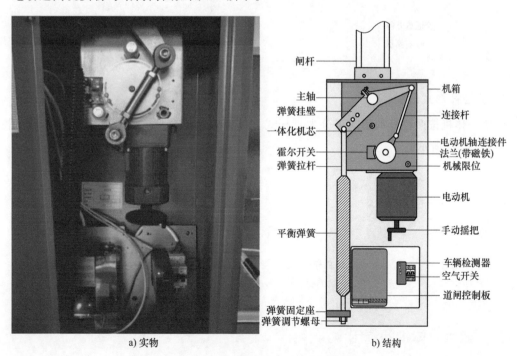

a) 实物　　　　　　　　　b) 结构

图2-3 电动道闸机实物与结构简图

引导问题 2：什么是道闸一体机？

道闸及车牌识别
一体摄像机内部
接线图解

　　道闸一体机是当今网络通信技术不断发展的背景下，由传统电动道闸机发展而来的停车场管理设备。它在传统电动道闸机的基础上增加了车辆检测设备、信号接收设备、远程电控执行设备，真正实现了停车场出、入口的无人值守，极大提高了停车场管理效率。

　　目前我国大部分停车场都采用了道闸一体机，包括一些小区、商业广场、事业单位、医院、学校等场所，道闸一体机的停车场系统已经遍布生活中的各个领域，极大提高了停车场的智能化管理水平。

一、道闸一体机的分类

1. 按落杆方向分类

道闸一体机按交通流方向栏杆臂下落关闭方向分为左侧型和右侧型，如图 2-4 所示。

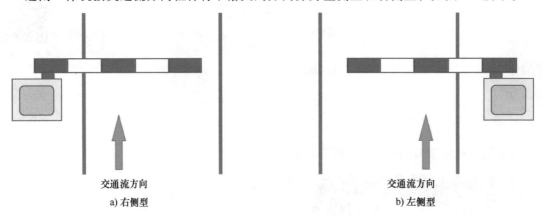

a) 右侧型　　　　　　　　　　　　　b) 左侧型

图 2-4　左侧型和右侧型道闸一体机

2. 按栏杆形式分类

道闸一体机按照栏杆的形式可分为直杆式、曲杆式、折叠杆式和栅栏式 4 种类型。栏杆的形式如图 2-5 所示。

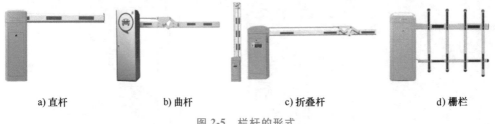

a) 直杆　　　　　b) 曲杆　　　　　c) 折叠杆　　　　　d) 栅栏

图 2-5　栏杆的形式

二、道闸一体机的选用

根据车辆出、入口空间可选用不同类型的道闸一体机。道闸一体机通过栏杆的"放行"

或"禁行"状态，使车辆出入口通道空间分别形成有效通行空间和有效阻挡空间。栏杆长度不能超过单车道宽度。出、入口通道空间示意图如图 2-6 所示。

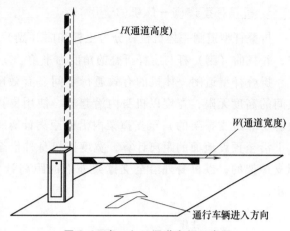

图 2-6　出、入口通道空间示意图

1. 直杆型道闸一体机的选用

直杆型道闸一体机栏杆为单杆，转动方向垂直于通道平面的方向。直杆型道闸一体机的有效通行空间、有效阻挡空间均以矩形表征。其中，有效通行空间的高度无限，宽度以机身内沿起算，使用支撑架的，宽度以机身内沿至支撑架内沿的距离计算；有效阻挡空间的高度以"禁行"状态栏杆上沿至预设地面的距离计算，宽度以机身外沿至"禁行"状态栏杆末端的距离计算，使用支撑架的，以机身外沿至支撑架外沿的距离计算。直杆型道闸一体机示意图如图 2-7 所示。

2. 曲杆型道闸一体机的选用

曲杆型道闸一体机栏杆分为主杆和曲（副）杆两部分，转动方向垂直于通道平面的方向，曲（副）杆与预设地面平行。

曲杆型道闸一体机的有效通行空间、有效阻挡空间均以矩形表征。其中，有效通行空间的高度以曲（副）杆下沿至预设地面的距离计算，宽度以机身内沿起算，使用支撑架的，宽度以机身内沿至支撑架内沿的距离

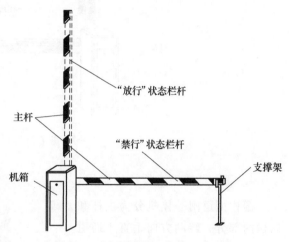

图 2-7　直杆型道闸一体机示意图

计算；有效阻挡空间的高度以"禁行"状态栏杆上沿至预设地面的距离计算，宽度以机身外沿至"禁行"状态栏杆末端的距离计算，使用支撑架的，以机身外沿至支撑架外沿的距离计算。曲杆型道闸一体机示意图如图 2-8 所示。

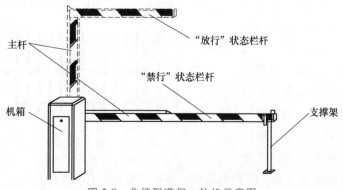

图 2-8　曲杆型道闸一体机示意图

3. 折叠杆型道闸一体机的选用

折叠杆型道闸一体机栏杆分为主杆和曲（副）杆两部分，转动方向垂直于通道平面的方向，并且曲（副）杆与主杆折叠的角度为平角。

折叠杆型道闸一体机的有效通行空间、有效阻挡空间均以矩形表征。其中，有效通行空间的高度无限，宽度以机身内沿起算，使用支撑架的，宽度以机身内沿或曲杆内沿（取两者中靠近支撑架的）至支撑架内沿的距离计算；有效阻挡空间的高度以"禁行"状态栏杆上沿至预设地面的距离计算，宽度以机身外沿至"禁行"状态栏杆末端的距离计算，使用支撑架的，以机身外沿至支撑架外沿的距离计算。折叠杆型道闸一体机示意图如图 2-9 所示。

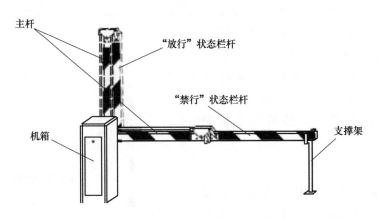

图 2-9 折叠杆型道闸一体机示意图

4. 栅栏型道闸一体机的选用

栅栏型道闸一体机分为主杆和栅栏两部分，转动方向垂直于通道的方向。

栅栏型道闸一体机的有效通行空间、有效阻挡空间均以矩形表征。其中，有效通行空间的高度无限，宽度以机身内沿起算，使用支撑架的，宽度以机身内沿或栅栏内沿（取两者中靠近支撑架的）至支撑架内沿的距离计算；有效阻挡空间的高度以"禁行"状态栅栏上沿至预设地面的距离计算，宽度以机身外沿至"禁行"状态栏杆末端的距离计算，使用支撑架的，以机身

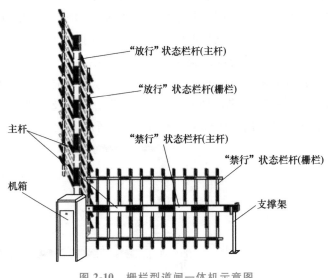

图 2-10 栅栏型道闸一体机示意图

外沿至支撑架外沿的距离计算。栅栏型道闸一体机示意图如图 2-10 所示。

三、道闸一体机的选用要点

1) 产品应至少具备两种驱动控制方式：手动按钮操作和检测器控制自动操作。

2) 栏杆臂的关闭应由电动机驱动，不得自由下落。

3) 在栏杆臂下落至水平关闭位置的过程中，只要收到打开信号，栏杆臂应能立刻抬起。

4) 正常工作状态下，在水平关闭终点位置或垂直开启终点位置时，栏杆臂应能被锁定，不应抖动。

5) 电源故障或机械失效时，处于关闭位置的栏杆臂应能被手动打开，或者自动回复到打开位置。

6) 道闸一体机的支撑架的配置与安装可在制造厂商产品说明书中查阅，并能测量有效通行空间和有效阻挡空间；能检测道闸一体机的阻挡性能。

7) "禁行"状态下，通常栏杆主杆与预设地面应平行，有利于形成最有效的阻挡空间。

8) "放行"状态下，栏杆的状态应有利于形成最合理的有效通行空间。

9) 道闸一体机可以由两组相对的栏杆同步运行，扩大有效控制的通道。

 **知识拓展**

城市停车发展新趋势——无人值守停车场

无人值守停车场作为智慧停车的一个重要组成部分，正逐步改变人们的停车方式，提高停车效率，降低管理成本。

1. 市场规模与增长趋势

2016 年至 2022 年期间，中国智慧停车行业市场规模复合增长率达到 18.2%，2022 年市场规模达 200 亿元。

2. 政策环境与支持

国家陆续出台一系列政策促进智慧停车行业发展，如国务院办公厅发布的《关于推动城市停车设施发展的意见》提出，到 2025 年，全国大中小城市基本建成配建停车设施为主、路外公共停车设施为辅、路内停车为补充的城市停车系统。

3. 用户体验与满意度

无人值守停车场通过车牌识别和移动支付实现了快速通行，提升了用户体验。系统有效减少了车辆在停车场内的盲目行驶，提高了停车的便捷性和安全性。

4. 智慧城市建设贡献

无人停车场管理系统提升了城市形象，促进了交通流畅，增强了居民满意度，并推动了当地经济的发展。

尽管智慧停车行业取得了显著的成效，但仍面临一些挑战，如存在信息资源分散难以整合、车位利用率低等问题。

综上所述，无人值守停车场在我国的应用数据显示了行业的快速增长和巨大的市场潜力。随着技术的不断进步和政策的持续支持，未来无人值守停车场将在智慧城市建设中发挥更加重要的作用，为用户提供更加便捷、高效的停车体验。

任务5　车辆检测设备的安装与调试

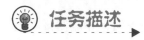 **任务描述**

本任务主要通过学习车辆检测设备的相关知识，结合模拟实验停车场环境，完成设备安装与设备调试，并在停车管理系统中完成车辆在停车场出、入口的检测功能实验。

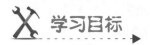 **学习目标**

知识目标

了解车辆检测设备的类型及应用。

技能目标

1. 能够完成车辆检测设备的安装与调试。

2. 能够应用视频采集等检测功能完成车辆信息采集。

素养目标

1. 培养学生的创新思维。

2. 培养学生团队协作的意识，使其树立工匠精神。

 **知识准备**

> 引导问题1：什么是停车场出、入口车辆检测设备？

车辆检测设备是一种用于检测和监测车辆运动、识别车辆特征、判断车辆状态的设备。它通常用于交通管理、智能交通系统、停车场管理等领域。车辆检测设备的应用极大地提高了停车场出、入口的车辆识别能力，能更好地保护出、入车辆，为实现停车场的智能化、无人化值守提供了有力支持。

> 引导问题2：什么是地感线圈检测器？

一、地感线圈检测器

地感线圈检测器也称为环形线圈检测器，它采用的是基于电磁感应原理的车辆检测技术，是全球公认的、可全天候精确监控车辆通过与存在状态的交通传感器。在世界各地的交通控制系统中，地感线圈检测器一直是首选的交通传感器，也是目前国内、外使用最为广泛的交通信息采集设备，如图 2-11 所示。

图 2-11　地感线圈检测器

地感线圈检测器通常由地感线圈、馈线和检测器 3 部分组成，如图 2-12 所示。

图 2-12　地感线圈检测器的组成

地感线圈的规格

当车辆从地感线圈上通过时，导致线圈的总电感变小，从而导致信号幅度、相位、频率等变化。检测电路检测其中某一个量的变化，就可以达到检测车辆的目的。

地感线圈与被测车辆之间通过电磁场耦合，通过互感相互影响。

地感线圈检测器的基本工作原理：由传输馈线连接的地感线圈与检测处理单元组成初级调谐电路，地感线圈相当于此电路中的电感元件。电流通过地感线圈时，在其附近形成一个电磁场。当车辆进入这个磁场中时，车身金属中感应出涡流电流，涡流电流使磁场的磁力线减少，调谐电路中的地感线圈电感量随之降低，引起电路调谐的频率上升。检测处理单元通过对振荡频率反馈电路的频率改变或者是相位偏移的监测，就可以得到车辆的出入信号。地感线圈检测器基本工作原理如图 2-13 所示，地感线圈检测器工作流程如图 2-14 所示。

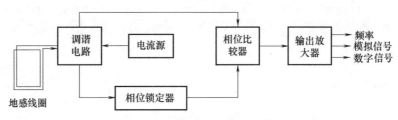

图 2-13　地感线圈检测器基本工作原理

车辆覆盖地感线圈的面积越大，车辆底盘越低，则互感系数越大，检测灵敏度也越高。线圈中点处的磁感应强度比其他点都弱一些，越靠近导线的地方，磁感应强度越大，而在线圈拐角处，磁感应强度为最大。在埋设地感线圈时，要考虑使车辆通过时能覆盖较大的区域和尽可能通过地感线圈的拐角处。车辆通过地感线圈示意如图 2-15 所示。

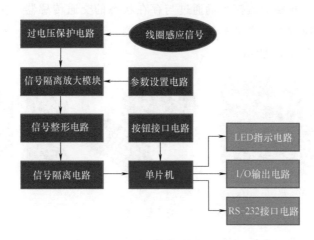

图 2-14　地感线圈检测器工作流程

地感线圈的安装

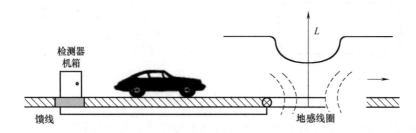

图 2-15　车辆通过地感线圈示意

引导问题 3：什么是感应雷达？

二、微波雷达检测技术

通常将波长在 0.001～1m、频率在 0.3～300GHz 范围内的电磁波称为微波。电磁波谱如图 2-16 所示。

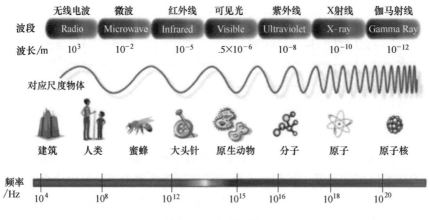

图 2-16　电磁波谱

微波的特性：除金属材料外的其他材料具有较好的穿透性；水、食物或其他含水物质会对微波能量进行吸收；微波遇到金属或导电表面时会被反射。微波的特性如图 2-17 所示。

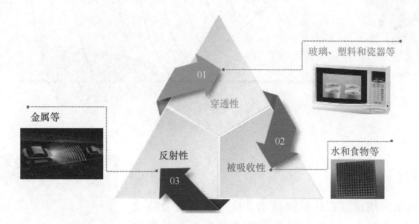

图 2-17　微波的特性

在声波和电磁波的传播过程中，存在多普勒效应。

多普勒效应是一个物理现象，它描述了物体辐射的波长因为波源和观测者的相对运动而产生变化。这个效应是由奥地利物理学家多普勒在 1842 年首次提出的。

被测物体在运动的波源前面时，波被压缩，波长变得较短，频率变得较高；在运动的波源后面时，会产生相反的效应，波长变得较长，频率变得较低；波源的速度越高，所产生的效应越大。根据波长频率的变化程度，可以计算出波源循着观测方向运动的速度。多普勒效应图 2-18 所示。

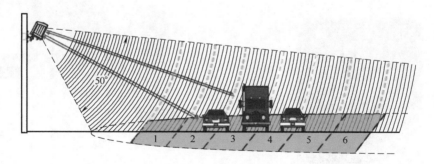

图 2-18　多普勒效应

电磁波在运动中遇到金属物体时易被反射产生多普勒效应，根据这个特性，微波检测技术被广泛应用于车辆检测器和各种雷达中。

微波车辆检测器：微波车辆检测器由发射天线和发射接收器组成。发射器对检测区域发射微波，当车辆通过时，由于多普勒效应，反射波会以不同的频率返回，通过检测反射波的频率可以确定车辆是否通过。微波检测原理如图 2-19 所示。

雷达是依据"多普勒效应"制成的一种传感器。雷达（Radar）是 Radio Detection and Ranging 缩写的音译，即"无线电探测和测距"。它利用无线电发现目标并测定它们的空间位置。雷达外观如图 2-20 所示。

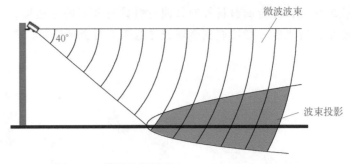

图 2-19 微波检测原理

三、道闸雷达

道闸雷达是采用微波雷达检测技术，应用于高速公路收费车道和城市停车场出、入口，替代线圈车辆检测器的微波雷达产品，道闸雷达如图 2-21 所示。

道闸雷达的特点：体积小、成本低、全天时全天候工作、探测灵敏度高、精度高、调试安装简单、稳定可靠、维护方便。

道闸雷达在道闸系统中用于触发相机抓拍车牌，控制闸杆升起（触发雷达）；同时用于控制闸杆降落，防止砸人、砸车（防砸雷达）。道闸雷达的应用如图 2-22 所示。

图 2-20 雷达外观

道闸雷达规格

道闸雷达上位机测试效果

图 2-21 道闸雷达

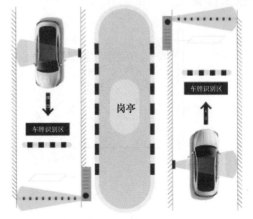

图 2-22 道闸雷达的应用

 知识拓展

车辆检测技术在我国高速发展

我国的车辆检测技术不断进步，逐步实现了智能化与网络化的发展。近年来，随着机动

车保有量的激增和人们交通安全环保意识的增强，车辆检测技术越来越受到重视，并且成为保障道路交通安全、提升环保水平的重要环节。

1. 技术更新与应用

1）智能化检测设备：近年来，汽车检测行业引进了智能化检测设备，如先进的诊断仪器和设备，提高了检测效率和准确性。

2）大数据与云计算：利用大数据分析技术，可以对车辆数据进行深度挖掘，为车辆维修和维护提供科学依据；同时，通过云计算可实现数据的远程传输和共享。

3）人工智能与物联网：应用人工智能技术可实现车辆故障的自动识别和预警，通过物联网技术可实时传输车辆检测数据。

4）远程在线检测：借助 5G 通信技术，可实现车辆远程在线检测和监控，提高检测工作的便捷性和实时性。

2. 市场规模与发展

1）市场规模扩大：随着汽车保有量增加和检测需求提升，汽车检测市场规模不断扩大，2022 年已达到 648 亿元。

2）新车与二手车市场：二手车市场的快速发展和非强制性车检市场的扩容，推动了车辆检测需求的增长。

3）技术创新推动：技术创新是汽车检测行业发展的重要驱动力，新技术的应用提升了行业的整体水平和竞争力。

3. 政策环境与支持

1）政府政策扶持：国家出台了一系列政策措施，加强汽车检测机构的监管和认证，推动汽车检测技术的创新和应用。

2）行业标准规范：政府加强对汽车检测行业的标准化和规范化建设，确保检测结果的准确性和公正性。

尽管汽车检测行业取得了显著的进步，但仍面临一些挑战，如部分地区检测设备陈旧、技术落后，行业人才不足和引进困难等。

综上所述，我国车辆检测技术在技术进步、市场需求、政策支持等多方面因素的共同推动下，取得了显著的成就。未来，车辆检测技术将继续向智能化、网络化方向发展，为道路交通安全和环保做出更大贡献。

项目3

视频车位引导设备的安装与调试

 **项目描述**

本项目主要介绍视频车位引导设备（车位相机）的安装与调试。通过本项目的学习，并结合之前所学习的相关知识及技能，学生应能够完成不同停车场环境下车位相机的安装与调试，并对其他车位引导设备进行设定。

任务6　车位相机的安装与调试

任务描述

本任务主要通过学习车位相机的相关知识，结合模拟实验停车场环境，完成设备安装与设备调试，并在停车管理系统中完成视频车辆检测功能实验。

学习目标

知识目标

了解车位相机在停车场系统中的应用。

技能目标

1. 能够完成车位相机的安装与调试。

2. 能够熟练应用视频采集功能，完成车辆信息采集。

素养目标

1. 使学生树立创新精神。

2. 培养学生的团队协作意识，使其树立工匠精神。

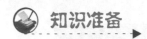

知识准备

引导问题 1：什么是车位引导系统？

一、车位引导系统简介

车位引导系统是能够引导车辆顺利进入目的车位的指示系统。

车位引导系统探测器对车位进行检测，通过显示屏显示空车位信息，驾驶人可通过该信息轻松实现空车位查找。

车位引导系统能对进、出停车场的车辆进行有效引导和管理。该系统可帮助驾驶人方便、快捷地找到空车位并停车，同时对车位进行监控，使停车场车位管理更加规范、有序，能提高车位利用率。停车场中的车位引导系统采用超声波检测或者视频车牌识别技术（车位相机），对每个车位的占用或空闲状况进行可靠检测，并将所有探测信息实时采集到系统中，系统通过计算机实时将引导信息反馈给每个引导指示器。

二、车位引导系统的组成

车位引导系统由数据采集系统、中央处理系统、输出显示系统和预定及共享系统组成，如图 3-1 所示。

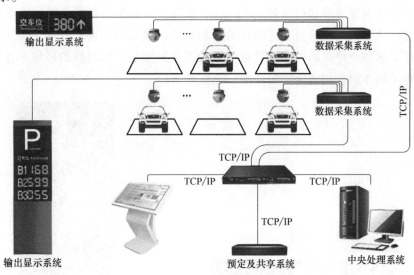

图 3-1　车位引导系统的组成

1. 数据采集系统

数据采集系统的主要设备为车位检测器，如图 3-2 所示。停车场中车位检测器通过总线连接到采集终端，将采集到的车位状态信息进行汇总、处理。

2. 中央处理系统

中央处理系统一般为车位管理计算机（PC），其功能是对采集数据进行分析，并在相应

a) 视频车位检测器　　　　　　b) 超声波车位检测器　　　　　　c) 地磁车位检测器

图 3-2　车位检测器

输出设备上进行显示。中央处理系统还可实现以下功能。

1）可利用车位管理 PC 上的数据，通过局域网或广域网发布本系统的相关数据。

2）可在数据处理中心（1 号采集终端）上连接数字移动通信、无线网络调制解调器向城市停车诱导系统控制中心发布（传送或接收）相关数据。

3）可在停车场内发布车位数据，主要通过在采集终端挂接 LED 显示屏的方式发布。这些 LED 显示屏安装在停车场入口处或交通分叉路口处，指示行车方向和空车位数量。

当车辆进入停车场某一具体区域时，安装在停车位前方或上方与超声波车位检测器相连接的车位指示灯（空位亮绿灯）可指引驾驶人将车停入某一具体车位。

3. 输出显示系统

输出显示系统由显示屏和引导屏（图 3-3）组成。其工作原理是系统将收集后的车位占用和空余信息，通过网络传输至对应的显示屏和对应区域的引导屏；安装于停车场出、入口的显示屏集中显示整个停车场的车位数据，区域引导屏则显示所对应的区域车位数据；所有显示数据随停车场车位使用情况实时浮动、变更显示。

图 3-3　显示屏和引导屏

4. 预定及共享系统

车位预定及共享可以通过智能车位锁（图 3-4）来实现。智能车位锁通过与中央处理系统连接，实现车位检测、车位引导、车位联网预定、共享等功能。

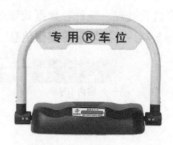

图 3-4 智能车位锁

> **引导问题 2**：车位引导系统的工作流程是什么？

三、车位引导系统的作用

车位引导系统对驾驶人有如下作用：

1）引导驾驶人快捷停车，节约时间、降低油耗。

2）提供车位预订服务。

车位引导系统对于管理者有如下作用：

1）提升停车管理水平，使停车场车位管理更加规范、有序。

2）提供准确的停车数据统计分析，提高车位利用率。

3）减少物业管理人力资源成本投入，增加停车场经营效益。

四、车位引导系统的工作流程

车位引导系统的基本工作原理是先利用车位检测器来实时获得车位占用信息，然后中央控制器根据预先定义的停车策略对显示屏和引导屏进行相应的显示，用户只需按照指示就可以顺利将车辆停入车位。车位引导系统效果图如图 3-5 所示。

车位引导系统
的作用

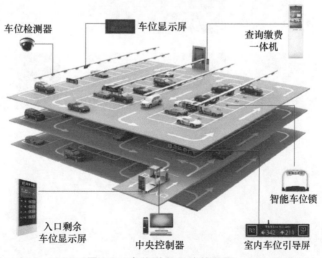

图 3-5 车位引导系统效果图

车位检测器巡检车位即时状态，通过总线集中器将数据连接到数据处理中心，进而对车位信息进行处理、统计。数据处理中心对信息进行分析处理后，将各相关处理数据通过输出设备，给停车场内各引导屏等提供信息，指导车辆进入相关车位。系统具体工作方法如图 3-6 所示。

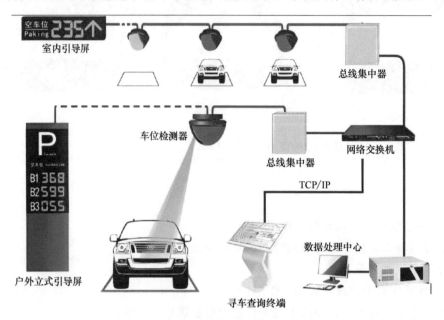

图 3-6 系统具体工作方法

驾驶人在入场前通过停车场的户外立式引导屏了解停车场的余位等信息；当车辆进入停车场后，驾驶人根据室内引导屏上指示的方向行车，将车辆引导到想要停入或所分配的车位；车位检测器检测到车辆驶入车位后，系统更新车位占用状态，并立即反馈到显示屏上。此过程还可以根据要求控制灯光电路引导系统、打开智能车位锁或车位指示灯等。车辆驶出停车场时，同样会进行显示信息检测和更新，完成本次出场数据的记录并开闸放行。车位引导系统的工作流程如图 3-7 所示。

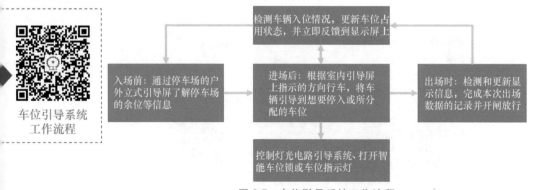

图 3-7 车位引导系统工作流程

五、车位引导系统的分类

车位引导系统根据数据采集系统车辆检测器或车位检测器的不同，可分为视频车位引导系统、超声波车位引导系统、地磁车位引导系统、AI 智能停车及场内引导系统。

1. 视频车位引导系统

视频车位引导系统配备视频车位检测器。该系统以视频车牌识别技术为支撑，在车辆进入停车场后，驾驶人根据系统所提供的实时车位状态信息，通过引导指示，可将车辆快速便捷地停至空车位。

2. 超声波车位引导系统

超声波车位引导系统（图 3-8）配备超声波检测器。该系统通过在车场的停车位上安装超声波车位检测器，实时检测车位状态，同时通过车位指示灯和车位引导屏向驾驶人发布空位引导指示信息。

3. 地磁车位引导系统

地磁车位引导系统（图 3-9）在每个车位地面上安装地磁探测器，实时获取停车场的各个车位的车辆信息，如果车位状态发生变化，则立即发送信号并传输到中央控制器，由中央控制器完成数据处理，并将处理后的车位数据发送到停车场各个车位引导屏进行空车位信息的显示，从而引导车辆进入空车位。

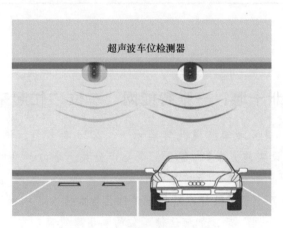

图 3-8　超声波车位引导系统

图 3-9　地磁车位引导系统

4. AI 智能停车及场内引导系统

AI 智能停车及场内引导系统是基于 AI、大数据及云计算服务的车位引导系

车位引导系统的分类

视频车位引导

地贴式超声波车位引导

前置式超声波车位引导

AI智能停车及场内引导系统的组成

AI智能停车及场内引导系统功能

AI智能停车及
引导流程和
特点

统。利用 AI 算法可以自动识别车牌、辨别套牌车、分析停车行为、预判停车需求，推动停车场转型升级，真正做到无感出入、无感支付和无人值守；大数据及云计算服务则连接海量停车场和数据，通过高速率、低时延的数据传输，最终实现车位共享、平台共享和数据共享。

几种车位检测器的比较见表 3-1。

表 3-1　几种车位检测器的比较

探测器类型	特点	检测信息
视频车位检测器	1）能进行图像抓拍、录像存储 2）能够识别车辆信息，常与反向寻车系统搭配使用	1）车辆有无 2）车辆信息
前置式超声波车位检测器	与分体式超声波车位引导系统相比，施工更为简便，能有效缩减施工周期，节省材料和成本	车辆有无
分体式超声波车位检测器	车位探测器与车位指示灯分开布置	车辆有无
地磁车位检测器	1）直接埋入停车位，免布线，环境适应性强 2）户外车位探测最佳方案	车辆有无

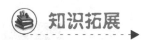 知识拓展

湖北十堰：一张智能网　车位"忙起来"

为破解停车难题，提升城市智慧化管理水平，2023 年 8 月，湖北十堰出台《十堰市"全市一个停车场"建设实施方案》，整合汇聚全市公共、路内、单位、小区等停车场，以及停车场车位、车位引导等动态运行信息，形成全市停车"一张网"。截至 2024 年 8 月 15 日，十堰主城区 17.25 万个规范性停车场停车泊位已全部接入"一张网"。

接入全市停车"一张网"后，如何让停车位的利用率更高？在十堰市商务局的指导下，十堰多家大型商超盘活空置车位，推出了夜间错时共享停车服务。

2024 年 3 月 1 日，十堰武商商场率先推出夜间共享停车服务，停车时间按周一至周四、周五至周日及节假日两个时段划分。其中周一至周四每天 20：00 至次日 9：00、周五至周日及节假日 22：00 至次日 9：00 可享受停车优惠。

位于繁华地带的十堰万达广场，共有 983 个车位。"晚上空余车位较多，我们专门推出了夜间停车服务，吸引了周围小区近百名车主办理夜间停车卡。"万达广场工程物业相关负责人介绍，夜停晨走，收费便宜也很方便，许多车主对这项个性化的服务叫好。

此外，十堰人民商场、华悦城、和信销品茂等多家商业综合体也推出了各种夜间停车优惠活动，吸引很多市民前来办理"夜间卡"，不仅让空闲车位"忙起来"，还为商场聚拢了人气。

　　十堰市"全市一个停车场"建设管理工作领导小组办公室相关负责人表示，目前十堰市智慧停车平台除了有停车场导航、车位余数查询等功能外，还有停车缴费、订单查询、无感支付（先离后付）、电子发票、长租卡在线购买和续费等功能。下一步，十堰市还将重点发挥智慧停车"一张网"惠民作用，不断完善市级智慧停车平台功能，助力缓解群众出行停车难题。

（摘自光明日报）

任务 7　室内引导屏和查询机的安装

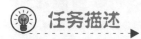

任务描述

　　本任务主要通过学习室内引导屏和查询机的相关知识，结合模拟实验停车场环境，完成设备安装与设备调试，并在停车管理系统中完成车辆引导和车辆查询的检测功能实验。

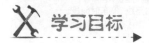

学习目标

知识目标
了解车室内引导屏和查询机的安装方法。
技能目标
1. 能够进行室内引导屏和查询机的安装与调试。
2. 能够熟练应用系统引导功能，完成车辆引导与车辆查询。
素养目标
1. 培养学生的创新思维。
2. 培养学生的团队协作意识和工匠精神。

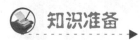

知识准备

> 引导问题：什么是车位引导与查询？

一、车位引导与查询概念

　　车位引导与查询是指通过科技手段，利用车辆检测和数据处理技术，提供智能化的停车位指引和查询服务。通过这项技术，驾驶人可以实时获得周围停车位的信息，包括空余车位的数量、位置和停车费用等，从而帮助驾驶人快速找到合适的停车位，提高停车效率。这项技术可以减少城市交通拥堵和寻找停车位的时间，提升停车管理的效果。

二、车位引导系统的工作原理

　　下面以视频车位引导系统为例介绍车位引导系统的工作原理：该系统以车牌识别技术为

支撑，根据停车场车位状态信息，通过室内引导屏引导驾驶人将车辆快速停至空闲车位；驾驶人要将车辆驶离停车场时，该系统通过在电梯口放置的反向查询机、微信公众号引导驾驶人查询车辆，并按导航的便捷路线取车，驾驶人取车后，室内引导屏将显示出口方向的指引箭头，引导驾驶人快速开车离场。视频车位引导系统的工作流程和拓扑结构分别如图 3-10 和图 3-11 所示。

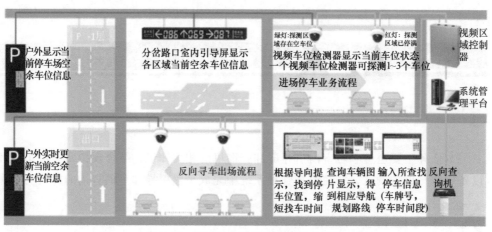

图 3-10　视频车位引导系统的工作流程

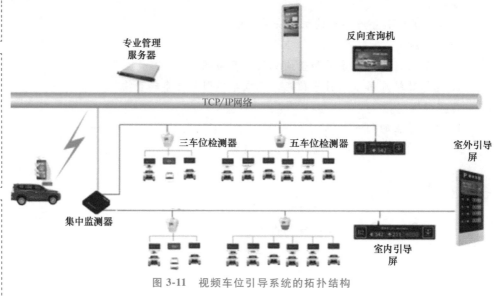

图 3-11　视频车位引导系统的拓扑结构

三、车位引导系统的主要部件

视频车位引导系统的主要部件有视频车位检测器、仿真处理系统（含中央处理服务器和视频节点控制器）、室内车位引导屏、户外引导大屏和平台管理系统等，如图 3-12 所示。

1. 视频车位检测器

视频车位检测器一般安装在车位上方并带指示灯，绿色指示灯表示空位，红色指示灯表

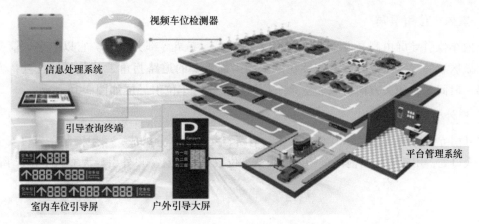

图 3-12　视频车位引导系统的组成

示车辆占位。其采用视频识别技术判断当前车位状态、车位上的车辆信息等，如图 3-13 所示。

a)

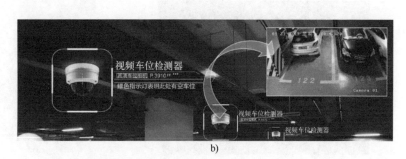

b)

图 3-13　视频车位检测器

2. 视频节点控制器

视频节点控制器是视频车位引导系统的图像传输管理平台。它汇集视频车位检测器上传的所有图像、数据信息，并通过网络传输将图像、数据信息传输至中央控制器进行统一处理、分析。视频节点控制器如图 3-14 所示。

3. 中央处理服务器

中央处理服务器是车位引导系统的控制中心。它汇集视频节点控制器上传的所有数据信息，利用智慧数据处理算法处理、分析数据，并通过网络传输将相关信息传输至管理平台系统进行统一应用、管理，如图 3-15 所示。

图 3-14　视频节点控制器

图 3-15　中央处理服务器

4. 室内车位引导屏

室内车位引导屏由高亮度 LED 模组、驱动单元、支架等部分组成。它以数字、箭头等形式显示该区域的空车位数，一般安装在停车场内部重要的道路拐角、分岔口等位置，方便驾驶人第一时间了解相关方向区域的空余车位情况。室内车位引导屏如图 3-16 所示。

5. 户外引导大屏

户外引导大屏由高亮度 LED 模组、驱动电路、支架等部分组成，一般安装在入口安全岛上或车库入口处，用于显示当前停车场内的剩余车位数量等信息。户外引导大屏如图 3-17 所示。

图 3-16　室内车位引导屏

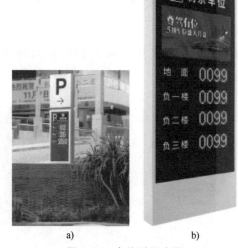

图 3-17　户外引导大屏

6. 平台管理系统

平台管理系统包括地图在线管理、车位状态管理、停车场运营分析、车位数据分析、设备在线管理等模块，如图 3-18 所示。

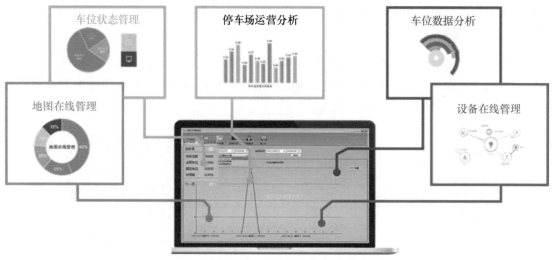

图 3-18　平台管理系统

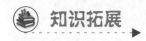

知识拓展

坚持科技是第一生产力、人才是第一资源、创新是第一动力

习近平总书记在党的二十大报告中强调，必须坚持科技是第一生产力、人才是第一资源、创新是第一动力，深入实施科教兴国战略、人才强国战略、创新驱动发展战略，开辟发展新领域新赛道，不断塑造发展新动能新优势。

他说，要坚持教育优先发展、科技自立自强、人才引领驱动，加快建设教育强国、科技强国、人才强国，坚持为党育人、为国育才，全面提高人才自主培养质量，着力造就拔尖创新人才，聚天下英才而用之。

办好人民满意的教育。坚持以人民为中心发展教育，加快建设高质量教育体系，发展素质教育，促进教育公平。加快义务教育优质均衡发展和城乡一体化，优化区域教育资源配置，强化学前教育、特殊教育普惠发展，坚持高中阶段学校多样化发展，完善覆盖全学段学生资助体系。推进教育数字化，建设全民终身学习的学习型社会、学习型大国。

完善科技创新体系。坚持创新在我国现代化建设全局中的核心地位。完善党中央对科技工作统一领导的体制，健全新型举国体制，强化国家战略科技力量，优化配置创新资源，提升国家创新体系整体效能。扩大国际科技交流合作，加强国际化科研环境建设，形成具有全球竞争力的开放创新生态。

加快实施创新驱动发展战略。加快实现高水平科技自立自强。以国家战略需求为导向，集聚力量进行原创性引领性科技攻关，坚决打赢关键核心技术攻坚战。加快实施一批具有战略性全局性前瞻性的国家重大科技项目，增强自主创新能力。营造有利于科技型中小微企业成长的良好环境，推动创新链产业链资金链人才链深度融合。

深入实施人才强国战略。坚持尊重劳动、尊重知识、尊重人才、尊重创造，实施更加积极、更加开放、更加有效的人才政策。着力形成人才国际竞争的比较优势。加快建设国家战略人才力量。深化人才发展体制机制改革，把各方面优秀人才集聚到党和人民事业中来。

（摘自新华社）

项目4

智能停车管理系统软件的使用

 项目描述

本项目主要介绍智能停车管理系统软件使用。通过本项目的学习，并结合之前所学习的相关知识及技能，学生应可以使用停车管理系统在不同停车场环境下，对停车场的功能及管理模式进行设定。

任务 8　后台管理系统的配置

任务描述

本任务主要通过学习后台管理系统相关知识，结合模拟实验停车场环境，完成系统的配置与调试，并在停车管理系统中完成管理功能实验。

学习目标

知识目标

了解后台管理系统的应用。

技能目标

1. 能够完成后台管理系统的配置与调试。

2. 能够熟练操作后台管理系统的应用。

素养目标

1. 使学生树立创新精神、探索精神和工匠精神。

2. 培养学生的团队协作意识。

 **知识准备**

引导问题 **1**: 什么是停车场管理软件?

一、停车场管理软件概述

停车场管理软件是一种通过计算机技术和软件系统来对停车场进行有效管理的工具。它可以帮助停车场管理员进行车场的运营和监控。

停车场管理软件通常包含以下主要功能:

1) 车辆进、出管理: 记录和管理车辆的进、出时间、车牌号码等信息。

2) 停车位管理: 可以查看和管理停车位的使用情况, 包括空闲、占用和预定状态。

3) 收费管理: 根据停车时间和收费规则, 计算和管理停车费用, 支持各种收费方式和支付方式。

4) 数据统计和报表生成: 可以生成停车场使用情况、收入统计等数据报表, 为停车场管理提供参考依据。

5) 系统设置和权限管理: 可以设置停车场规则、用户权限等管理参数, 保证系统的安全性和灵活性。

通过停车场管理软件, 停车场管理员可以更加高效地管理停车场, 提升停车场运营效率, 同时为用户提供更便捷的停车服务体验。

引导问题 **2**: 什么是停车场子系统?

二、停车场子系统

停车场系统大多数采用 B/S 架构, 停车场数据库安装在管理中心服务器, 停车场子系统主要包含停车场后台管理软件、停车场岗亭软件、停车场车位引导管理软件等。其架构图如图 4-1 所示。

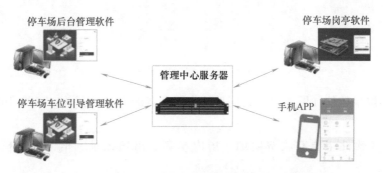

图 4-1 停车场系统软件架构图

1) 管理中心服务器: 它用于安装停车场系统数据库、提供数据服务。操作数据时, 使用浏览器通过 IP 地址访问服务器 (如某停车场服务器 IP 地址: 192.168.8.2)。

2）停车场后台管理软件：访问地址为服务器的 IP 地址，如"192.168.8.2"。选择"后台管理"。其登录界面如图 4-2 所示。

图 4-2　登录界面

停车场后台管理软件包括系统管理、车主管理、车场系统、安全设置，如图 4-3 所示。

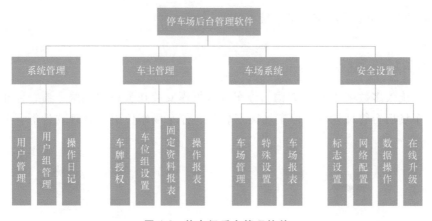

图 4-3　停车场后台管理软件

3）停车场岗亭软件（图 4-4）：访问地址为服务器的 IP 地址，如"192.168.8.2"，选择相应岗亭。

停车场岗亭软件主要有收费明细、场内车辆、出场记录、车位组等模块，如图 4-5 所示。

4）停车场车位引导管理软件（图 4-6）：访问地址为服务器地址和对应端口号，如"192.168.8.2：8088"。

车位引导管理软件模块包括车场信息、基础设置、车场系统，如图 4-7 所示。

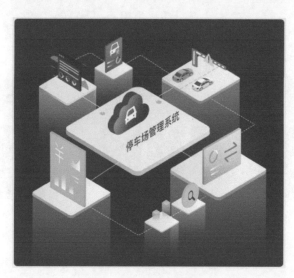

图 4-4　停车场岗亭软件

图 4-5　停车场岗亭软件功能

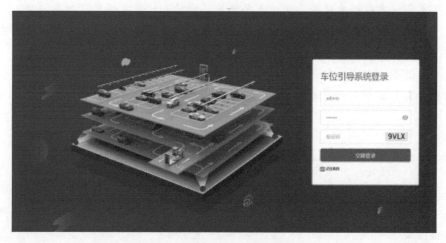

图 4-6　停车场车位引导管理软件

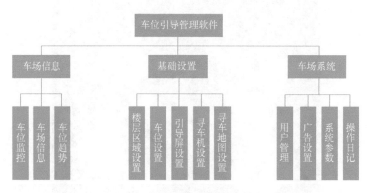

图 4-7　车位引导管理软件功能

当人工智能遇上公共交通，会产生何种效应？

提到人工智能在交通领域的应用，除了无人驾驶你还能想到什么？人工智能其实已悄然融入公共交通体系中。在上海举行的 2019 世界人工智能大会上，人工智能在轨道交通、共享单车、网约车上的应用展示，让公众看到更智慧的城市交通图景。

人工智能+轨道交通：更严谨

2018 年 3 月，北京地铁燕房线开通，作为我国首条自主化全自动运行的地铁，燕房线成功运行离不开人工智能技术。作为科创板首批上市企业的交控科技，就是实现相关技术应用的创造者之一。在 2019 世界人工智能大会上，交控科技的列车智能检测系统从近 700 个中外项目中脱颖而出，入围卓越人工智能引领者奖榜单。

交控科技股份有限公司董事长表示，轨道交通相对道路交通等场景来说更为封闭，因此更适合人工智能技术的落地应用。通过多年来的科研投入，团队研发出拥有独立自主知识产权的地铁全自动驾驶系统和列车智能检测系统等技术，并在探索更多人工智能技术在轨道交通中的应用。

地铁自动驾驶、故障自我诊断、列车智能调度……人工智能为城市轨道交通提供了更精细化的运营方案，减少人为因素在驾驶、检修、调度等方面的影响，也让轨道交通运行变得更严谨。

人工智能+共享单车：更高效

共享单车近年来的快速发展，给城市治理带来不少难题，人工智能成为解决问题的重要抓手之一。在 2019 世界人工智能大会的技术应用主题展区，哈啰出行提供了解决两大难题的人工智能方案。

共享单车乱停乱放侵占道路怎么办？Argus 智能视觉交互系统可以实时识别、智能判断并管理所在区域的共享单车和社会车辆，如果区域内的车辆停放达到预警阈值，系统可向管理部门与企业实时发出调度信息，提高运维效率。

共享单车调度不及时无车可骑怎么办？基于人工智能技术的哈啰"大脑"可以在车辆投放规划、车辆调度、运维人员派单等环节实现智能运营决策，达到运力在时间、空间与需求上的最优匹配。

共享单车解决了出行的"最后一公里"问题，人工智能让共享单车运行提速增效。哈啰出行联合创始人说："人工智能可以大幅提高工作效率，这恰恰是企业的核心竞争力之一。"

人工智能+网约车：更安全

网约车的安全问题近来备受社会关注。人工智能碰上网约车安全领域又能擦出怎样的火花？滴滴出行首席执行官透露，公司已利用人工智能技术实时识别驾驶人的分心驾驶、疲劳驾驶等行为。

中国工程院院士、中国人工智能学会理事长认为，有限地域的无人驾驶出租车将是自动驾驶技术短期内的重要落地场景之一。

从长远来看，业内人士普遍看好人工智能技术在未来可以大幅降低交通事故的发生率。

（摘自新华社）

任务9　岗亭系统的调试

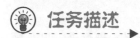

任务描述

本任务主要通过学习岗亭系统相关知识，结合模拟实验停车场环境，完成系统调试，并在停车管理系统中完成功能检测实验。

学习目标

知识目标

了解岗亭系统在智能停车系统中的应用。

技能目标

1. 能够完成岗亭系统的配置与调试。

2. 能够熟练掌握岗亭系统调试的流程与方法。

素养目标

1. 使学生树立创新精神、探索精神和工匠精神。

2. 培养学生的团队协作意识。

停车场管理
系统的使用
（岗亭设置）

知识准备

引导问题：什么是停车场岗亭软件？

一、停车场岗亭软件概述

停车场岗亭软件是一种用于停车场管理的软件系统，通常安装在停车场岗亭的计算机或终端设备上。它提供了一系列功能，能帮助停车场管理员在岗亭进行车辆出、入场的管理和处理。

停车场岗亭软件通常包含以下主要功能：

1）车辆进、出管理：记录和管理车辆的进、出时间、车牌号码等信息，实时更新车辆进、出状态。

2）人工开闸控制：可以通过软件系统控制岗亭内的道闸设备，实现对车辆出、入场的手动控制。

3）收费管理：根据停车时间和收费规则，计算和管理停车费用。其支持各种收费方式和支付方式。

4）报警与警示功能：监控车辆进出情况，发现异常情况时触发报警可以，提高停车场安全性。

5）车辆查询和管理：可以查询和管理停车场中的车辆信息，包括车牌号码、停车时间、交费情况等。

6）数据统计和报表生成：可以生成停车场使用情况、收入统计等数据报表，为停车场管理提供参考依据。

通过停车场岗亭软件，停车场管理员可以实时掌握停车场的运行情况，进行进、出车辆管理和收费，提供便捷的停车服务。同时，软件支持多种操作和查询功能，提高了停车场的效率和管理水平，充分体现了智能化给人们生活带来的便利。

二、岗亭软件功能介绍

车辆到达入口摄像机识别区域时，摄像机自动识别车辆车牌，软件系统对车辆类型做出判断，判断来车是系统中记录的固定车、临时车还是无法识别车辆及无牌车辆。

若为固定车，则系统自动开闸放行或手动开闸放行，车牌识别一体摄像机采集车辆的进入信息与现场图片，并将它们保存至数据库，同时语音播报设备播报欢迎词、车牌号码等信息。

若为临时车，则在车牌识别一体摄像机完成车辆信息采集后，系统开始对临时车计时，并保存入口抓拍图片到数据库，然后自动开闸放行或手动开闸放行，同时语音播报设备播报欢迎词、车牌号码等信息。

若为无法识别车辆及无牌车辆，无法识别车辆只能手动输入车牌号码，手动放行，修改后的正确车牌信息将录入数据库；无牌车辆则需要驾驶人使用手机 APP 扫码功能，登记驾驶人身份信息后进场，系统将自动生成临时车牌号码，同时语音播报设备播放报欢迎词、临时车牌号码等信息。车辆入场流程如图 4-8 所示。

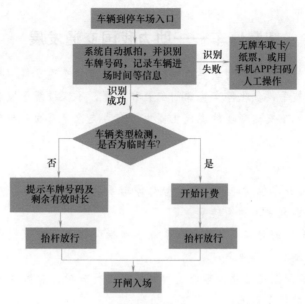

图 4-8 车辆入场流程

车辆到达出口摄像机识别区域时，车辆出场流程与入场流程基本一致，区别在于，车牌识别一体摄像机在提取车牌信息后，会对车辆所属类型进行判断。若为固定车，则直接开闸放行；若为临时车，则根据入场时间计算停车费用，在驾驶人缴纳停车费用后开闸放行；若为无法识别车辆及无牌车辆，需要驾驶人使用手机 APP 扫码后，由系统根据扫码信息计算停车费用，在驾驶人缴纳停车费用后，系统开闸放行。车辆出场流程如图 4-9 所示。

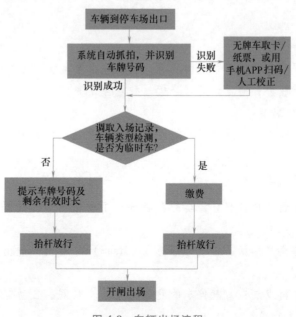

图 4-9 车辆出场流程

 **知识拓展**

智慧停车——助力我国交通发展

智慧停车作为智能交通体系的重要组成部分，在我国的交通发展中扮演着日益重要的角色。智慧停车通过科技手段优化停车资源的配置和管理，不仅缓解了城市停车压力，提升了市民出行体验，也为城市交通管理的现代化提供了有力支撑。下面分析智慧停车为我国交通带来的进步。

1. 提升停车效率与利用率

1）智能化管理提升车位周转率：通过智慧停车系统的应用，可以实时监控和调配停车资源，有效提高车位的利用率和周转率。

2）减少寻找停车位的时间：智慧停车系统能够指引驾驶人快速找到空闲停车位，减少寻找停车位的时间，提高停车效率。

3）优化停车资源配置：智慧停车通过对大数据进行分析，能够合理地规划和布局停车资源，满足不同区域的停车需求。

2. 缓解城市交通压力

1）减少道路拥堵：智慧停车系统能减少车辆在道路上寻找停车位的巡游时间，因此有助于缓解道路拥堵。

2）提高市民出行满意度：便捷的停车服务能够提升市民的出行体验，增加对城市交通管理的满意度。

3）支持城市可持续发展：智慧停车作为智慧城市建设的一部分，有助于推动城市可持续发展。

3. 促进交通管理现代化

1）提升管理水平：智慧停车系统的应用，使得城市停车管理更加科学、精准和高效。

2）增强决策支持能力：通过大数据分析，智慧停车系统能够为城市交通管理提供决策支持，优化交通流量分配。

3）提高应急响应能力：智慧停车系统能够实时监测停车设施的运行状态，提高应对突发事件的能力。

4. 推动交通行业数字化转型

1）促进新技术创新应用：智慧停车的发展推动了物联网、大数据、云计算等新技术在交通领域的应用。

2）催生新的服务模式：如"出行即服务"（MaaS）等新模式的出现，为市民提供更加便捷、个性化的出行服务。

3）带动相关产业链发展：智慧停车的发展促进了车联网、自动驾驶等相关产业链的发展，推动交通行业整体升级。

5. 提升城市形象与居民生活质量

1）改善城市环境：智慧停车系统的建设有助于减少车辆排放，改善城市环境质量。

2）提升居民生活便利性：智慧停车提供的便捷服务，增强了居民的获得感和幸福感。

3）促进城市文明建设：智慧停车系统的推广使用是城市文明建设的重要体现，提升了城市的整体形象。

6. 推动交通强国战略实施

1）加快建设交通强国：智慧停车作为交通强国建设的重要内容，有助于提升我国交通运输体系的综合实力。

2）支撑新发展格局：智慧停车的发展为构建新发展格局提供了重要支撑，促进了内、外经济循环的相互促进。

3）满足人民美好生活需要：智慧停车系统的发展，满足了人民群众对便捷、高效、绿色出行的需求。

7. 促进科技创新与产业发展

1）激发科技创新活力：智慧停车的发展促进了交通领域科技创新，加快了新技术、新产品的研发和应用。

2）培育新的经济增长点：智慧停车产业的快速发展，为经济发展培育了新的增长点。

总之，智慧停车的发展对于提升我国城市交通管理水平、缓解城市交通压力、推动交通行业数字化转型等具有重要意义。未来，应继续深化智慧停车系统的技术研发与应用推广，加强政策支持和行业协调，推动智慧停车与城市交通深度融合。同时，应注意保护用户隐私、确保数据安全，以及平衡好技术发展与用户需求之间的关系，确保智慧停车系统的健康发展，为构建高效、便捷、绿色、安全的综合交通体系提供有力支撑。

项目5

停车场的规划与云平台的应用

 项目描述

本项目主要介绍停车场规划与云平台的应用。通过本项目的学习，并结合之前所学习的相关知识及技能，学生应可以完成停车场的规划设计，并使用云平台完成远程停车系统操作。

任务 10   停车场的规划

 任务描述

本任务主要通过学习停车场规划相关知识，结合模拟实验停车场环境，完成停车场规划设计实验。

学习目标

知识目标

了解停车场规划设计的方法。

技能目标

1. 能够掌握停车场规划设计的流程与标准。

2. 能够熟练使用软件完成停车场的规划设计。

3. 具有停车场规划、策划与设计能力。

素养目标

1. 使学生树立创新精神。

2. 培养学生良好的团队协作意识以及团队领导能力。

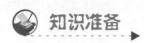

引导问题 1：智能停车场的设计原则是什么？

一、智能停车场设计原则

智能停车场设计有五大原则，包括规范性与适应性、实用性与先进性、准确性与实时性、兼容性与扩展性、开放性与安全性（图 5-1）。优秀的设计能极大提高智能停车场的使用效率，更好地服务于广大人民，提升人们的出行幸福指数。

智能停车场
设计原则

1. 规范性与适应性

系统设计应符合国家现行工程建设强制性标准及有关技术标准、规范（图 5-2）的规定，符合有关设计规范、设计任务书及建设方的管理和使用要求。同时，系统应尽可能满足客户实际业务需求。

图 5-1　智能停车场设计原则

图 5-2　有关技术标准、规范

2. 实用性与先进性

系统设计应在技术方面具有一定的先进性，保证停车场投资能够满足一定时期的业务发展需要，同时应避免盲目追求技术的先进性而提高成本，应当结合停车场实际业务需要，做到经济实用、合理，提高性价比。

3. 准确性与实时性

系统应能准确实时地对车辆的出、入行为实施放行、拒绝、记录和报警等操作，对停车场收费计算准确，统计、查询无误。系统应及时响应请求，保障车辆通行畅通。

4. 兼容性与扩展性

系统选用应考虑兼容性，与系统其他配套设备兼容，同时保证系统自身在功能调整和系统规模上具有良好的简单扩展性。

5. 开放性与安全性

系统设计应具有较好的开放性，应能与报警系统、视频安防监控系统等系统实现联动管理或留有相应的接口，满足互联要求和信息共享要求。系统的设计应满足风险等级和防护级别标准的要求，满足出、入安全管理要求。

> 引导问题 2：停车场系统优化设计有哪些？

二、停车场系统优化设计

停车场系统优化设计涉及五大类，包括建筑优化设计、交通组织优化、装饰优化、智能管理和运营管理。

1. 建筑优化设计

（1）出、入口设计　出、入口设计需结合出、入口与市政道路连接的位置、坡道宽度、转弯半径、停车场类型等来定义出、入口功能，一般遵循以下条款：

① 出、入口位置离红绿灯距离大于 80m，距离过街天桥、隧道等不少于 50m。

② 出、入口与市政道路间距大于 8m。

③ 双向进出坡道宽度≥8m。

④ 坡道净空≥2.5m，货车坡道净空≥3.6m。

⑤ 办公、住宅类停车场出、入口坡道可双向行驶，商业类停车场建议单向行驶；酒店类出、入口建议在大堂附近。

（2）排水优化　通过排水优化，可以加强停车场内的排水，例如原排水沟、集水井位置位于车位上，易造成车辆的意外伤害，通过优化，将排水沟位置后移至车位后方车轮碾压不到的区域，能降低车辆意外伤害风险，如图 5-3 所示。

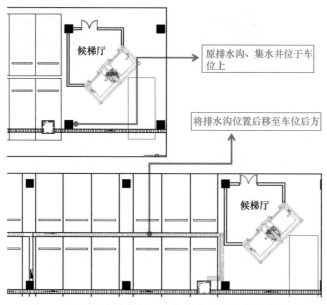

图 5-3　优化排水沟位置，降低对车辆的意外伤害风险

（3）空间优化　通过优化场内空间位置（如内缩设备房空间），可以在保证正常使用的情况下增加场内停车位数量，如图 5-4 所示。

图 5-4　增加场内停车位数量

（4）车道优化　通过车道位置优化，可以增加场内车道通行能力，如图 5-5 所示。

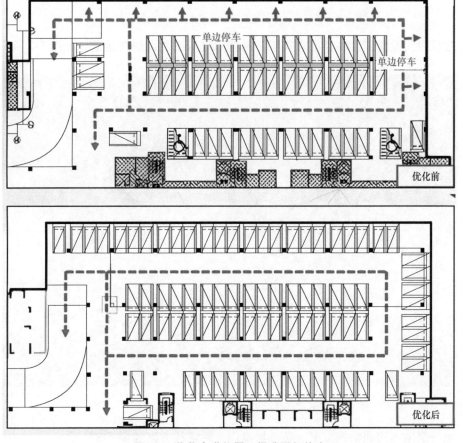

图 5-5　优化车道位置，提升通行能力

2. 交通组织优化

下面以某住宅类停车场为例，介绍交通组织优化过程。

1）以图 5-6 为例，该停车场为住宅类停车场，地下室车道口宽度、转弯半径及排队空间均不具备设置安全岛条件，安全岛建议设于地面。

图 5-6　交通组织优化一（优化场内安全岛设立位置）

2）建议中间设置安全岛及值班岗亭，两侧双进双出，设快速通道，如图 5-7 所示。

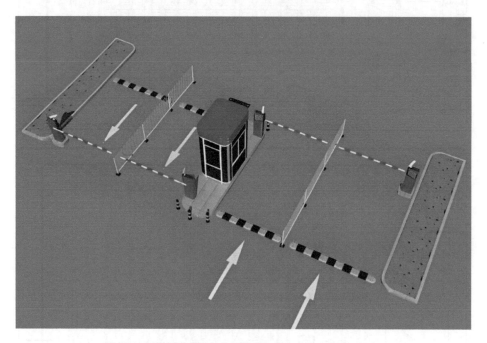

图 5-7　交通组织优化二（设立合理安全岛与岗亭位置）

3）负一层室内交通动线方案。负一层室内交通动线方案如图 5-8 所示。

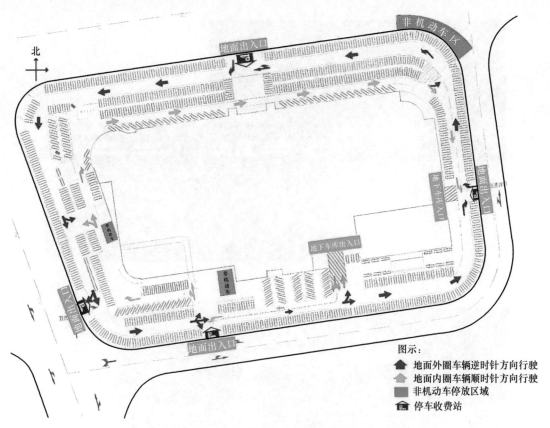

图示：
地面外圈车辆逆时针方向行驶
地面内圈车辆顺时针方向行驶
非机动车停放区域
停车收费站

图 5-8 负一层室内交通动线方案

3. 装饰优化

可以通过优化地面颜色，区分停车区域，美化场内环境，如图 5-9~图 5-11 所示。

图 5-9 装饰优化一

4. 智能管理

智能管理主要包括空车位引导、反向寻车、智能照明、多点支付等。

图 5-10　装饰优化二

图 5-11　装饰优化三

（1）空车位引导

1）一级引导：包括室外 LED 导视屏，显示总余位数及行车路线，如图 5-12a 所示。

2）二级引导：包括室内多向行车指示屏，引导车辆行驶路线，如图 5-12b 所示。

3）三级引导：包括车位指示灯指示，提示车主车位状态，以便快速停车，如图 5-12c 所示。

（2）反向寻车　通过在查询设备输入车牌号码，可以完成车辆位置查询以及位置导航，如图 5-13 所示。

（3）智能照明　智能照明系统提供场内光源，并兼顾照明亮度与节能的需求，如图 5-14 所示。

1）车道、车位、坡道可分回路控制，并加入时间控制模块，可将一天的照明分为 6：30～10：00、10：00～17：00、17：00～20：00、20：00～22：00、22：00 至第二天凌晨 6：30 共

图 5-12　空车位引导实例

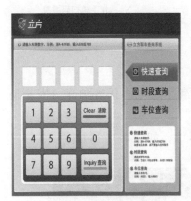

步骤1：输入车牌号码(支持模糊查找)，单击"查询"

a)

步骤2：根据车辆图片及停车信息确认车辆，单击车辆图片，进行取车查询

b)

步骤3：系统自动绘制最优寻车路线，驾驶人获取寻车路线后，快速寻找到汽车停放位

c)

图 5-13　反向寻车

图 5-14　智能照明

5 个时段。通过软件的设置，在这些时段内，可以自动控制灯具开闭的数量，达到不同时间段提供不同照度的效果，既减少了电能的浪费，又延长了灯具的使用寿命。

2）车道灯光应与车道平行，以避免眩目。

3）车位灯光应平行于车道，方便桥架布线。

（4）多点支付 在场内可设置多处停车费支付点，有效分流缴费人群，缓解缴费压力，提高缴费效率。多点支付如图 5-15 所示。

a) 自助缴费　　　　　b) 中央人工缴费　　　　　c) 手持终端APP缴费　　　　　d) 手机扫码缴费

图 5-15　多点支付

5. 运营管理

运营管理包括车位预约、广告灯箱、汽车美容、新能源汽车充电、代客泊车、安全防护等。

（1）车位预约 可通过公众号、APP 等方式提前预留空车位，如图 5-16 所示。

a)　　　　　　　　　b)　　　　　　　　　c)

图 5-16　车位预约

（2）广告灯箱 在停车场电梯口等行人较集中或其他醒目处，建议设置部分广告灯箱，既可增加经济效益，还可补充照明。广告灯箱如图 5-17 所示。

（3）汽车美容 汽车美容作为停车场内附属产业，能给车主提供相应的车辆服务，并可

获得一定的经济效益，如图 5-18 所示。

a)

b)

c)

图 5-17　广告灯箱

图 5-18　汽车美容

　　（4）新能源汽车充电　因新能源汽车数量的剧增，可在停车场内设立新能源汽车充电设备（图 5-19），可有效提高停车场服务水平，给驾驶人带来更好的停车体验。

　　（5）代客泊车　酒店或上下班早高峰期，可以提供代客泊车服务，如图 5-20 所示。

　　（6）安全防护　在停车场的人行通道口、车道转弯以及狭窄处，可以设立安全防护设备，保护行人、车辆及场内设施安全，如图 5-21 所示。

a) b)

图 5-19 新能源汽车充电设备

图 5-20 代客泊车服务

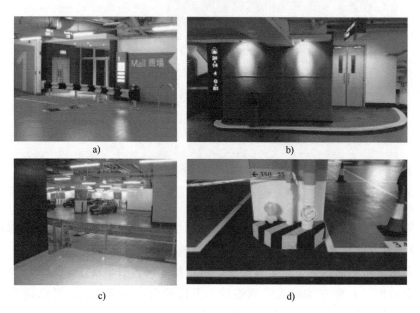

a) b)

c) d)

图 5-21 设立安全防护设备

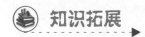 **知识拓展**

捷顺科技中心建成"全国首个绿色智慧停车示范标杆"

捷顺科技深耕行业 30 余年，基于对停车行业发展趋势的前瞻思考，2024 年初创新性地提出了行业首创的"停车场+车位级+停充+储能+节能"一揽子全栈解决方案——绿色智慧停车解决方案，并落地捷顺科技中心停车场，使其成为标杆项目之一，如图 5-22 所示。

图 5-22 捷顺科技提出的行业首创的"停车场+车位级+停充+储能+节能"智能停车理念

通加快 AI 大数据、人工智能及新能源等新质生产力的落地应用，捷顺科技中心停车场具备无人值守、车位运营、停充运营、储能节能等能力，并构建一体化管理平台，成为捷顺科技探索绿色低碳智慧园区建设模式的重要示范基地。

根据综合测算，该停车场每年预计可降本增收超 150 万元，每年节电超 15 万 kWh，相当于碳减排约 42t。

一、无人值守管理——车主体验升级，每年管理降本 24 万元

捷顺科技中心建设了一个拥有 1029 个车位的智慧停车场，为驾驶人提供差异化停车服务及便捷停车体验，同时实现一站式全托管服务闭环，让车场从传统人工管理向智慧化、无人化管理转型。

捷顺科技中心通过对车辆的分层管控和服务，提供差异化的停车体验。例如，针对不同类型的车辆进行单独配置，为驾驶人提供定制化的服务，满足其多样化的停车需求。同时，通过智能引导、多元化支付等手段，使驾驶人的通行体验和停车效率提升 40%。此外，捷顺科技中心还利用大数据和 AI 技术，为车场提供科学、精准的运营策略，全面提升停车场的运营效率和收益。车场管理全面移动化，业务处理更便捷，管理效率提升 30%。

无人值守智慧停车场建成前，停车场原本配备 2 班岗亭和 1 班巡逻岗，共计 6 位值班人员。项目建成后，只留下巡逻岗，共计节省人力 4 人，每年节约人力成本开支约 24 万元。

二、精细化车位运营——车位资源盘活，每年停车增收 72 万元

在车位运营方面，捷顺科技中心采用精细化策略，根据驾驶人不同需求提供分时月卡专属服务、专位服务、团体及会员服务。这些服务旨在提升车位周转率、满足多样化停车需求，并增强车位运营价值。如基于大数据精准测算、分类定制差异化租车位服务，实现车位资源的合理配置和高效利用，提升车场引流增收能力。

停车场通过提升白天+晚间的不同时间段的车位资源利用率，增加停车场收入。停车夜间及周末车位使用率提升 50%，每月停车收益增加 6 万元，每年增收超 72 万元。

三、智慧停充运营——场桩位一体化，每年增收 20 万元

为满足新能源驾驶人充电需求，捷顺科技中心进行科学测算与精准建设，保障充电设施投建的合理性与收益，建设了一个拥有 122 个快、慢充电车位的充电场站。通过"场+桩+位"一体化策略，实现无感充电和充电桩位的高效利用，提升驾驶人的充电体验。通过大数据触达引流能力，制订停充联动运营策略，全面提升停车和充电的综合收益。

捷顺科技中心充电场站通过采取车位管控防止燃油汽车占位、错峰引流提升夜间充电桩利用率等措施，让充电桩利用率提升 60%，充电收益提升 30%，每年增收 20 万元。错峰充电车位如图 5-23 所示。

图 5-23　错峰充电车位

四、储能+节能照明系统——节能减排增效，每年降本 35 万元

在绿色节能方面，捷顺科技中心停车场通过储能系统、智能照明等一系列绿色组合拳，降低停车场的能耗成本。停车场搭建储能系统，配备 2 台 100kW/215kWh 智能液冷储能设备，实现"谷电峰用"，通过在电价低谷期储存电能，在用电高峰期放电，从而降低高峰期用电成本，一年可节省电费约 20 万元。

此外，捷顺科技中心对地下停车场原有照明系统进行改造，更换 1212 个物联网节能灯具，根据使用需求制订节能策略，降低照明用电成本；同时联动停车系统，实现智能灯光引导，提升驾驶人停车体验。改造后节能超 70%，每年节省电 15.5 万 kWh，节约电费超 15 万元，仅需 1 年即可收回投资改造成本。绿色节能改造前后对比如图 5-24 所示。

图 5-24　绿色节能改造前后对比

五、一体化管控——综合高效管理，科学决策经营

为实现绿色智慧停车场的综合管控，捷顺科技中心搭建一体化管理平台，实现数据一体化、业务一体化、财账一体化，显著提升了管理效率。通过对停车、充电、储能、节能等数据的汇聚与分析，还能为车场经营决策提供科学依据。同时，平台还提供了完整、专业的财务报表和业务流程管理功能，帮助车场实现业务的集中化管控和财务的精细化管理。捷顺停车场运营管理平台如图 5-25 所示。

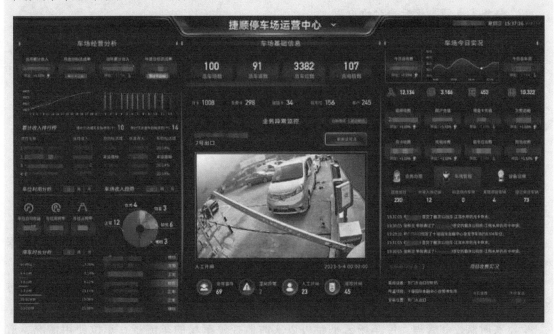

图 5-25　捷顺停车场运营管理平台

捷顺科技中心成功打造"全国首个绿色智慧停车场示范标杆",这标志着绿色智慧停车方案得到科学落地验证,形成了可进行全国复制推广的标准模式,为智慧停车行业的变革和绿色低碳园区建设探索提供了道路指引和模式借鉴。

捷顺科技作为国内领先的智慧停车服务提供商和智慧城市数字生态运营商,在国家"双碳"政策的指引下,致力于把绿色智慧停车模式推广到更多停车场,推动智慧停车行业绿色转型,助力建设绿色智慧城市,共同建设美丽中国。

任务 11　停车场云平台的应用

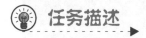 **任务描述**

本任务主要通过学习停车场云平台相关知识,结合模拟实验停车场环境,完成停车场云平台的功能应用。

学习目标

知识目标
了解停车场云平台的组成结构与应用方向。
技能目标
1. 能够掌握停车场云平台的使用方法。
2. 熟练完成停车场云平台的应用。
素养目标
1. 使学生树立创新精神和工匠精神。
2. 培养学生的团队协作意识。

 **知识准备**

引导问题 1:停车场云平台有什么特点?

一、停车场云平台的特点

停车场云平台是基于云计算技术提供的一种停车场管理解决方案,通过将停车场的数据和功能移至云端进行管理和操作。停车场云平台主要有以下优点:

1)方便快捷的停车体验。停车场云平台可以实现在线预约停车、电子支付、无感支付等功能,使用户能够方便快捷地停车和支付停车费用,减少了停车过程中的等待时间。

2)实时监控和管理。停车场云平台可以实时监控停车场的车流量、车位使用情况、道闸状态等信息,实现对停车场的远程监控和管理。停车场管理员可以随时通过手机或计算机进行实时监控和操作，更加高效地管理停车场。

3）数据统计和分析。停车场云平台可以对停车场的数据进行统计和分析，包括停车量、收入、流量分布等，为停车场管理提供决策依据。通过数据分析，停车场管理者可以了解停车场的使用情况和运营状况，从而优化停车场规划和资源配置。

4）降低停车成本。通过云平台的自动化功能，可以减少人工操作，从而降低停车场的成本，并提高停车场的效率和收益。

5）提升停车场安全性。停车场云平台可以通过视频监控、入口门禁、智能监测系统等技术手段提升停车场的安全性。管理员可以随时监控停车场的安全状态，发现异常情况时能及时采取措施，保障安全。

> 引导问题 2：停车场云平台的组成结构是什么？

二、停车场云平台的组成结构

停车场云平台的组成包括车位预约分享系统、移动应用、不停车收费（ETC）系统读取设备、支付网关、会员/积分系统等，如图 5-26 所示。

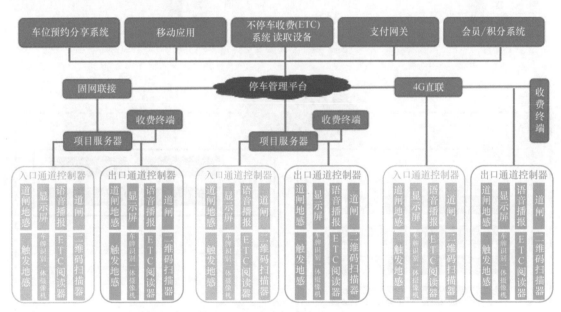

图 5-26　停车场云平台组成

停车场云平台必须包含本地服务器和云端服务器。

本地服务器搭建包括三大设备：场区设备、控制设备和出入口设备。场地设备有室内引导屏、查询机、车位检测器等；控制设备有网络交换机、计算机、服务器等；出入口设备有地感线圈、车辆检测器、入/出口道闸车牌识别一体摄像机等。本地服务器搭建如图 5-27 所示。

云端服务器搭建（图 5-28）包括四大层：业务层、传输层、服务层和存储层。业务层包括硬件初始化、业务审核、硬件管控等功能；传输层有安全传输、异步图片传输、消息订阅等功能；服务层有看板服务、存储服务、运维服务、日记服务等功能；存储层有 MySQL 数据库、MongoDB 数据库等。

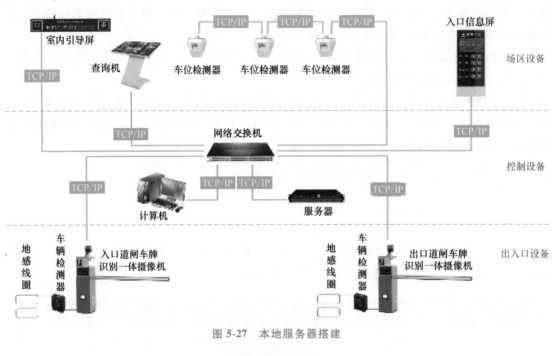

图 5-27　本地服务器搭建

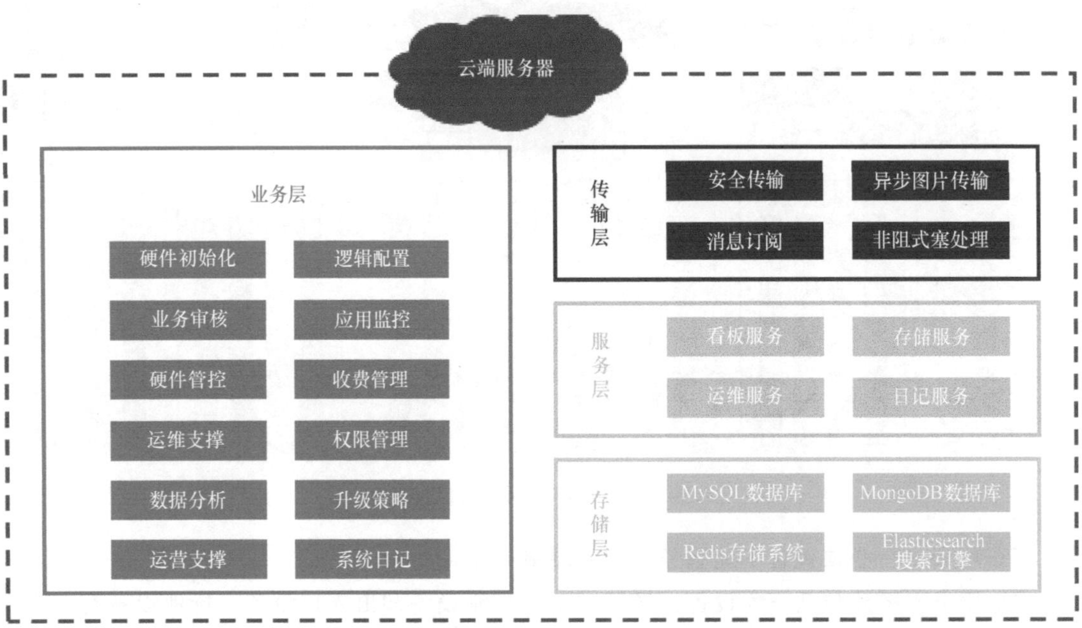

图 5-28　云端服务器搭建

三、停车场云平台功能

停车场云平台功能如图 5-29 所示。

基础平台
实现云平台统一项目管控、授权、平台运维、系统升级

设备平台
服务车场与云端配置打通

数据平台
实现运营数据计算、分析、报表

应用平台
为第三方系统提供数据接口，实现服务商系统与客商系统无缝对接

图 5-29　停车场云平台功能

四、云平台应用

停车场云平台应用包括：看板、远程结算、远程配置、运营管理、微信公众号、无感支付、电子发票、电子优惠券等。

1. 看板

看板通过可视化运营数据平台，实时检测系统关联的各停车场运行数据，掌握停车场运行状况，如图 5-30 所示。

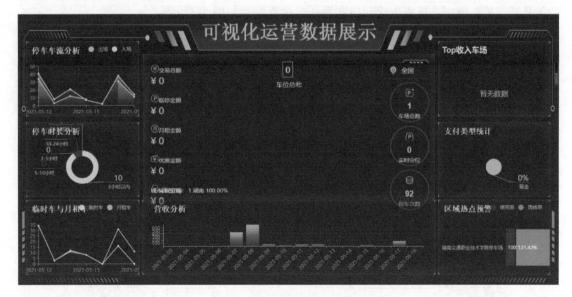

图 5-30　看板

2. 远程结算

远程结算指用户可以通过互联网技术，在不与收费员直接接触的情况下，使用手机或其他电子设备完成停车费的支付，平台能按时间逻辑记录支付情况，如图 5-31 所示。

图 5-31 远程结算

3. 远程配置

远程配置允许管理人员通过互联网技术，从远程位置对停车场的设备和软件进行设置和调整。配置内容包含设备控制、系统更新、参数设置、监控和诊断、用户管理、数据访问、安全设置、紧急响应、报表生成和通知发送。远程配置如图 5-32 所示。

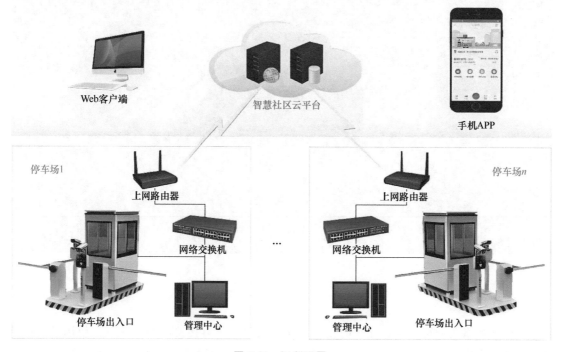

图 5-32 远程配置

4. 运营管理

运营管理可以很好地对系统下辖停车场进行数据监控、管理，并优化业务流程和运营活动；可以很好地提高停车场的运营效率，增强用户体验，并为管理者提供决策支持。集中管理有助于降低运营平台成本、增加收入，并提升整体服务质量。通过平台对数据的监控可以实时掌握运营情况，做出相应的运营决策。运营管理界面如图 5-33 所示。

图 5-33　运营管理界面

5. 微信公众号

通过微信公众号（图 5-34），停车系统能够实现更加智能化和便捷化的服务，提升用户体验和管理效率。例如，为用户提供停车缴费、停车费充值、车位预约等多种便捷服务。

图 5-34　微信公众号

6. 无感支付

无感支付不仅提升了驾驶人的体验，还可以通过减少停车场的人工收费环节提高车辆的通行效率，实现停车场的智能化管理。无感支付的实现方式通常是用户提前在支付宝或微信等平台进行车牌绑定并开通无感支付服务，当用户驾车进入无感支付停车场时，系统通过高清摄像机识别车牌并自动抬杆；离场时，系统再次识别车牌，自动扣费并抬杆放行。无感支付提高了停车场的周转效率，提升了用户体验。无感支付流程如图 5-35 所示。

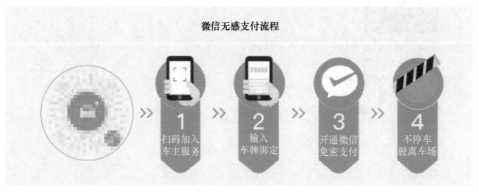

图 5-35　无感支付流程

7. 电子发票

停车费电子发票是一种电子形式的发票，可作为停车费用报销的凭证。与传统的纸质发票相比，电子发票比较传统发表具有便捷、高效、安全等优势。用户可以通过支付凭证页面申请发票，电子发票将发送到用户的微信卡包或其他指定的电子邮箱。随着技术的发展和税务机关的推广，电子发票在停车领域被广泛应用，如图 5-36 所示。

图 5-36　电子发票

8. 电子优惠券

停车电子优惠券是一种电子形式的优惠凭证。它与传统的纸质优惠券类似，但以数字化方式存在和使用。电子优惠券可以为车主提供停车费用的减免或折扣，通常由停车场管理方或合作商家发放；商家或停车场管理方在系统后台设置优惠券规则和参数，通过各种渠道发放优惠券给用户，用户在支付停车费时使用优惠券享受优惠，系统自动核销已使用的优惠券。停车电子优惠券发放界面如图 5-37 所示。

图 5-37　停车电子优惠券发放界面

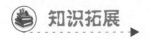 知识拓展

城市智能停车尚需注入更多智慧——武汉城市级智慧停车系统

随着城市化进程的加快，城市停车难问题日益突出，成为制约城市发展的重要因素。武汉市作为中国中部地区的中心城市，汽车保有量持续增长，停车需求与供给之间的矛盾日益尖锐。为了解决这一问题，武汉市政府采取了一系列创新措施，推出了城市级智慧停车系统，通过高科技手段提升城市停车管理的智能化水平。武汉城市级智慧停车系统是我国首个综合性的城市停车解决方案，它通过集成物联网、大数据、云计算等现代信息技术，实现了对城市内众多停车场的集中管理和服务。该系统不仅提高了停车效率，而且为城市管理提供了决策支持，促进了城市的经济发展。

智慧停车系统通过地磁传感器、视频监控等设备，实时监控车位状态，自动采集停车数据，为城市管理提供了准确的数据支持。系统利用布设于道路上的引导屏或移动 APP，向驾驶人提供附近停车位信息，引导车主快速停车，有效缓解了城市交通拥堵。车主通过绑定车牌和支付方式，可以实现自动扣费，无须停车缴费，提高了停车效率；可以通过云平台申请电子发票，简化了开发票的流程，体现了绿色环保的理念；可以通过云平台查询自己的停车记录和缴费历史，方便财务管理；可以提前预约停车位，确保到达目的地时有车位可用，提高了停车的便利性。平台支持共享停车服务，提高了车位利用率，体现了资源共享的价值观念。系统充分利用大数据技术，为城市管理和交通规划提供了决策支持。

　　城市智慧停车系统通过智能化管理，减少了因寻找停车位而产生的交通拥堵，为驾驶人提供了更加便捷和舒适的停车体验。

　　武汉智慧停车系统已接入 1333 家停车场，有约 48 万停车位，有效改善了城市停车秩序，缓解了中心城区停车难题。

参 考 文 献

［1］ 苏松志，李绍滋，蔡国榕. 行人检测：理论与实践［M］. 厦门：厦门大学出版社，2016.

［2］ 张骏. 边缘计算方法与工程实践［M］. 北京：电子工业出版社，2019.

［3］ 温慧敏，雷方舒，孙建平，等. 城市交通大脑：未来城市智慧交通体系［M］. 北京：电子工业出版社，2022.

［4］ 黄姝娟，刘萍萍. 物联网系统设计与应用［M］. 北京：中国铁道出版社，2022.

［5］ 马楠. 数据库系统的智能应用［M］. 北京：中国铁道出版社，2022.

智能停车系统集成与维护
任务工单

班　级：_____

姓　名：_____

学　号：_____

机 械 工 业 出 版 社

目　　录

学　　院		专　　业		姓　　名	
学　　号		小　　组		组长姓名	
指导教师		日　　期		成　　绩	

任务目标

1）掌握车牌识别一体摄像机安装与调试的方法。

2）完成车牌识别一体摄像机的安装与调试。

任务准备　　　　　　　　　　　　成绩：

1）检查车牌识别一体摄像机配件是否完整：是□　否□

2）检查车牌识别一体摄像机设备是否正常：是□　否□

3）检查工具是否齐全：是□　否□

制订计划　　　　　　　　　　　　成绩：

1）根据任务目标，制订计划。

	操作流程	
序号	项目	目的描述
1	安装车牌识别一体摄像机	
2	系统调试	
3	清点配件及工具	
4	按流程安装	
5	配置	
6	汇总、分析、整理资料	
7	提交作业成果、交流讨论	

计划 审核	审核意见： 　　　　　　　　　　　　　　　　签字：　　　　　年　　月　　日	

2）完成分组（建议 3~5 人一组）。

值班组长(负责整个任务的统筹、安排、沟通、协调)		展示员(负责资料汇总、整理;在组间交流环节代表小组发言)	
记录员(负责调查数据的收集、整理)		组员(负责具体任务的开展)	

1

3）任务注意事项。

① 严格遵守用电规则，注意人身安全。

② 互帮互助，相互督促。

4）设备、工具、材料清点。

序号	名称	数量	是否清点
1	车牌识别一体摄像机及配件	1	是□ 否□
2	电动工具(电钻及电池等)	1	是□ 否□
3	螺钉旋具、电胶带、扎线带	若干	是□ 否□
4	万用表	1	是□ 否□
备注			

计划实施	成绩：

1. 安装车牌识别一体摄像机

车牌识别一体摄像机主要接入线有网线、12V 电源线（正、负极不能接反）、地感触发线。

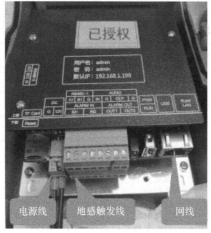

车牌识别一体摄像机（以下简称摄像机）连线步骤：穿线、连接电源线、连接网线、连接地感线圈。

步骤 1：穿线。拧开摄像机底部穿线孔的盖子，将已经制作好的电源线、网线、电感线圈线从穿线孔引入摄像机内，预留合适的长度，并在穿线孔处做好防水处理（如套上防水胶塞）。

步骤 2：连接电源线。摄像机电源为 DC 12V，内置一个 AC 220V 转 DC 12V 的电源适配器，因此，需要把 AC 220V 电源输入口接到电源适配器，然后将电源适配器的 DC 12V 输出口接到摄像机控制板的电源接口（注意：DC 12V 正、负极不能接反）。

步骤 3：连接网线。将制作好的网线一端接到摄像机 RJ45 LAN 接口，另一端接到交换机上。

步骤 4：连接地感线圈。外部信号触发摄像机抓拍的接口为 IN1/IN2，将其接到地感线圈车辆检测器的 5/6 接口。

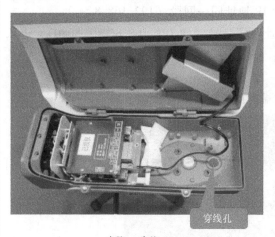

步骤1: 穿线

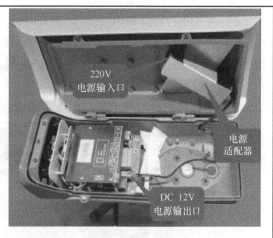

步骤2: 连接电源线

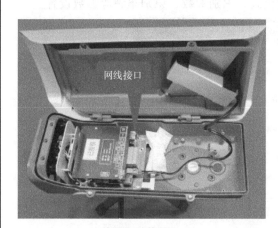

步骤3: 连接网线

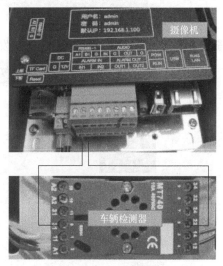

步骤4: 连接地感线圈

2. 了解摄像机当前连接情况

网络接线: 摄像机→道闸 (内部控制板) →操作台交换机→机柜交换机→路由器。

电源接线: 操作台空气开关 (AC 220V) →电源适配器 (摄像机外壳内) →DC 12V 开关直流电源。

3. 摄像机访问

方法一: 通过摄像机 IP 地址访问 (摄像机默认 IP 地址为 192.168.1.100)。

1) 将操作台交换机与机柜交换机之间的网线拔掉 (以防连接到其他工位的摄像机)。

2) 将操作台计算机 IP 地址配置成与摄像机 IP 地址同一网段 (如 192.168.1.100)。

3) 在 IE 浏览器地址栏输入摄像机地址 192.168.1.100, 连接成功后进入摄像机登录界面。默认用户名: admin, 密码: admin。

方法二: 通过道闸内部端口号访问。

1）将操作台计算机 IP 地址配置成与道闸 IP 地址同一网段（192.168.8.＊）。

2）在 IE 浏览器地址栏输入道闸的 IP 地址及端口号（如 192.168.8.＊：8080），进入摄像机登录界面。默认用户名：admin，密码：admin。

4. 调整摄像机

步骤 1：将画面调整至最佳拍摄位置（前端龙门架调整和镜头调节）。

步骤 2：进行摄像机识别设置，包括触发模式、识别参数、识别车牌等参数设置。

步骤 3：在摄像机图像画面中，调整识别区域和虚拟线圈。

步骤 4：进行出入口及车辆运动方向的设置。

步骤 5：根据环境设置摄像机补光灯效果：调整各种补光模式和补光距离，观察补光效果，使之达到最佳识别效果。

5. 安装、系统调试成果（可做成电子版进行归档，格式要求如下）

序号	安装与配置项目	配置结果
1	测试识别区域	
2	系统调试	
3	摄像机与系统信息采集	

质量检查	成绩：
请指导教师检查本组作业结果，并针对问题提出改进措施及建议。	
综合评价	
建议	

评价反馈	成绩：

根据自己在课堂中的实际表现进行自我反思和自我评价。

自我反思：

自我评价：

任务评价表

评价项目	评价标准	配分	得分
理论知识学习	知识目标达成度	15	
信息收集	完成信息收集	5	
制订计划	计划制订合理	10	
计划实施	摄像机安装	20	
	检查连接情况	10	
	摄像机访问	10	
	调整摄像机	10	
	成果展示	10	
质量检查	任务达成度	5	
评价反馈	能对自身进行客观评价和发现问题	5	
总得分		任务完成度	□基本完成 □良好 □优秀
教师评语			

学　　院		专　　业		姓　　名	
学　　号		小　　组		组长姓名	
指导教师		日　　期		成　　绩	

任务目标

1）掌握车牌识别一体摄像机安装与调试的方法。

2）使用车牌识别一体摄像机对车牌号码进行识别测试。

任务准备	成绩：

1）检查车牌识别一体摄像机配件是否完整：是□　否□

2）检查车牌识别软件是否正常：是□　否□

3）检查工具是否齐全：是□　否□

制订计划	成绩：

1）根据任务目标，制订计划。

操作流程

序号	项目	目的描述
1	调试车牌识别一体摄像机	
2	系统调试	
3	清点配件及工具	
4	按流程安装	
5	配置	
6	汇总、分析、整理资料	
7	提交作业成果、交流讨论	
计划 审核	审核意见： 　　　　　　　　　　　　签字：　　　　年　　月　　日	

2）完成分组（建议 3~5 人一组）。

值班组长（负责整个任务 的统筹、安排、沟通、协调）		展示员（负责资料汇总、 整理；在组间交流环节代表 小组发言）	
记录员（负责调查数据的 收集、整理）		组员（负责具体任务的 开展）	

3）任务注意事项。

① 严格遵守用电规则，注意人身安全。

② 互帮互助，相互督促。

4）设备、工具、材料清点。

序号	名称	数量	是否清点
1	识别系统软件	1	是□ 否□
2	平台测试计算机	1	是□ 否□
3	螺钉旋具、内六角扳手	若干	是□ 否□
4	监控视频测试仪	1	是□ 否□
备注			

计划实施	成绩：

1. 测试步骤

步骤1：让不同类型车牌的车辆通过车牌识别一体摄像机（以下简称摄像机）检测区域，观察车辆位置以及摄像机对车牌识别的准确度。可以通过单击"手动触发"来多次测试车牌识别情况。

步骤2：根据摄像机对车牌识别结果调整摄像机识别参数，直至摄像机对车牌号码识别无误。

2. 安装、系统调试成果（可做成电子版进行归档，格式要求如下）

序号	安装与配置项目	配置结果
1	摄像机安装、连接	
2	系统调试	
3	车牌识别信息采集	

质量检查	成绩：

请指导教师检查本组作业结果，并针对问题提出改进措施及建议。

综合评价	
建议	

评价反馈	成绩：

根据自己在课堂中的实际表现进行自我反思和自我评价。

自我反思：

自我评价：

任务评价表

评价项目	评价标准	配分	得分
理论知识学习	知识目标达成度	15	
信息收集	完成信息收集	5	
制订计划	计划制订合理	10	
计划实施	测试步骤	50	
	成果展示	10	
质量检查	任务达成度	5	
评价反馈	能对自身进行客观评价和发现问题	5	
总得分	任务完成度	□基本完成　□良好　□优秀	
教师评语			

任务工单 3　车牌识别一体摄像机 485 接口信息传输测试

学　　院		专　　业		姓　　名	
学　　号		小　　组		组长姓名	
指导教师		日　　期		成　　绩	

任务目标

1）掌握车牌识别一体摄像机安装与调试的方法。

2）完成车牌识别一体摄像机 485 接口信息传输测试。

任务准备	成绩：

1）检查车牌识别一体摄像机配件是否完整：是□　否□

2）检查车牌识别一体摄像机设备是否正常：是□　否□

3）检查工具是否齐全：是□　否□

制订计划	成绩：

1）根据任务目标，制订计划。

操作流程		
序号	项目	目的描述
1	通信线路连接与调试	
2	系统与功能模块调试	
3	清点配件及工具	
4	按流程安装	
5	配置	
6	汇总、分析、整理资料	
7	提交作业成果、交流讨论	
计划审核	审核意见： 签字：　　　　年　月　日	

2）完成分组（建议 3~5 人一组）。

值班组长（负责整个任务的统筹、安排、沟通、协调）		展示员（负责资料汇总、整理；在组间交流环节代表小组发言）	
记录员（负责调查数据的收集、整理）		组员（负责具体任务的开展）	

3）任务注意事项。

① 严格遵守用电规则，注意人身安全。

② 互帮互助，相互督促。

4）设备、工具、材料清点。

序号	名称	数量	是否清点
1	车牌识别一体摄像机及配件	1	是□ 否□
2	RVV4×0.5控制电缆	1	是□ 否□
3	螺钉旋具、电胶带、扎线带	若干	是□ 否□
4	万用表	1	是□ 否□
备注			

计划实施	成绩：

1. 连接车牌识别控制板

打开车牌识别一体摄像机（以下简称摄像机）外壳，将摄像机的485接口与车牌识别专用控制板的485接口正确连接。

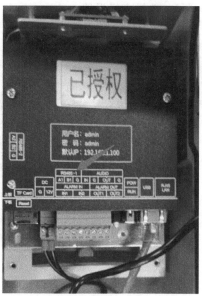

2. 系统调试

步骤1：登录管理系统。登录摄像机（用户名：admin，密码：admin）。

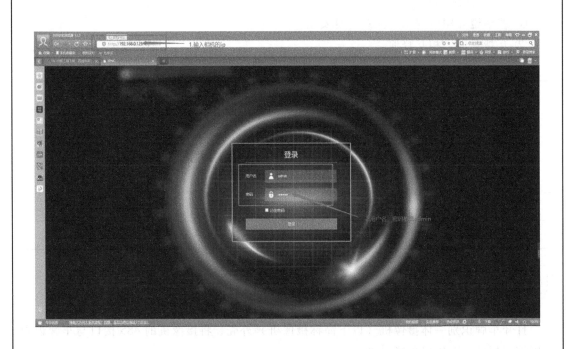

步骤2：选择高级设置。

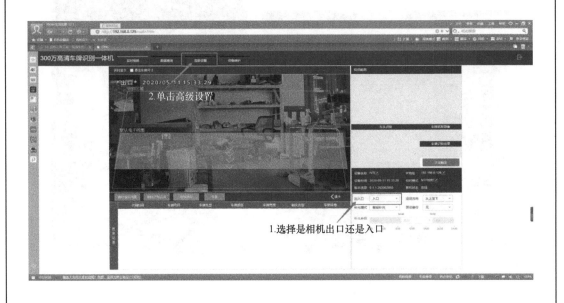

步骤3：选择屏显语音。

步骤4：按图示勾选对应的选项，并调整各个选项的顺序。

步骤5：选择"外设管理"，按图示进行参数设置。

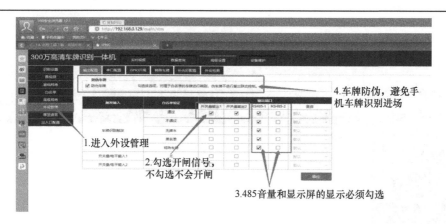

4.车牌防伪，避免手机车牌识别进场

1.进入外设管理

2.勾选开闸信号，不勾选不会开闸

3.485音量和显示屏的显示必须勾选

步骤6：设置485端口的比特率。

比特率必须是9600bit/s

步骤7：勾选车牌防伪。

这里的防伪启动后才能开启

步骤 8：将车辆放到摄像机前方，设置好识别区域与虚拟线圈区域，在实时视频页面单击"手动触发"，查看是否会播报车牌，LED 屏上是否显示相应的车牌号码。

3. 安装、系统调试成果（可做成电子版进行归档，格式要求如下）

序号	安装与配置项目	配置结果
1	摄像机线缆连接	
2	系统调试	
3	车牌识别信息采集	

质量检查	成绩：

请指导教师检查本组作业结果，并针对问题提出改进措施及建议。

综合评价	
建议	

评价反馈	成绩：

根据自己在课堂中的实际表现进行自我反思和自我评价。

自我反思：

自我评价：

任务评价表

评价项目	评价标准	配分	得分
理论知识学习	知识目标达成度	15	
信息收集	完成信息收集	5	
制订计划	计划制订合理	10	
计划实施	正确连接车牌识别控制板	20	
	系统调试	30	
	成果展示	10	
质量检查	任务达成度	5	
评价反馈	能对自身进行客观评价和发现问题	5	
总得分		任务完成度	□基本完成　□良好　□优秀
教师评语			

学　　院		专　　业		姓　　名	
学　　号		小　　组		组长姓名	
指导教师		日　　期		成　　绩	

任务目标

1）掌握道闸一体机的安装步骤和方法。

2）完成道闸一体机的调试。

任务准备	成绩：

1）检查道闸一体机的配件是否完整：是□　否□

2）检查道闸一体机设备是否正常：是□　否□

3）检查工具是否齐全：是□　否□

制订计划	成绩：

1）根据任务目标，制订计划。

<table>
<tr><td colspan="3" align="center">操作流程</td></tr>
<tr><td>序号</td><td>项目</td><td>目的描述</td></tr>
<tr><td>1</td><td>安装道闸一体机</td><td></td></tr>
<tr><td>2</td><td>系统调试</td><td></td></tr>
<tr><td>3</td><td>清点配件及工具</td><td></td></tr>
<tr><td>4</td><td>按流程安装</td><td></td></tr>
<tr><td>5</td><td>配置</td><td></td></tr>
<tr><td>6</td><td>汇总、分析、整理资料</td><td></td></tr>
<tr><td>7</td><td>提交作业成果、交流讨论</td><td></td></tr>
<tr><td rowspan="2">计划
审核</td><td colspan="2">审核意见：</td></tr>
<tr><td colspan="2" align="right">签字：　　　年　　月　　日</td></tr>
</table>

2）完成分组（建议3~5人一组）。

值班组长（负责整个任务的统筹、安排、沟通、协调）		展示员（负责资料汇总、整理；在组间交流环节代表小组发言）	
记录员（负责调查数据的收集、整理）		组员（负责具体任务的开展）	

3）任务注意事项。

① 严格遵守用电规则，注意人身安全。

② 互帮互助，相互督促。

4）设备、工具、材料清点。

序号	名称	数量	是否清点
1	道闸一体机	1	是□　否□
2	电动工具(电钻及电池等)	1	是□　否□
3	螺钉旋具、电胶带、扎线带	若干	是□　否□
4	万用表	1	是□　否□
5	测试平台	1	是□　否□
备注			

计划实施	成绩：

1. 认识道闸一体机结构

1）观察道闸一体机的外观结构（补光灯、信息显示屏、遥控接收器、声光报警器等）。

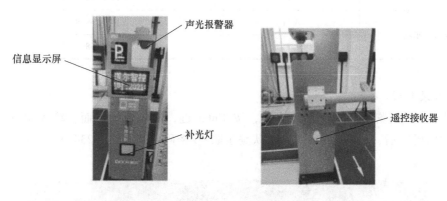

2）断开道闸电源，打开道闸上侧门，观察道闸控制机的内部结构。

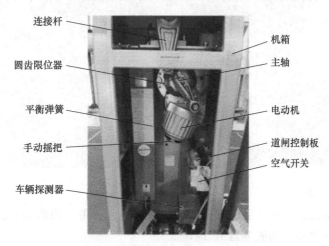

3）断开道闸电源，打开道闸前门，观察道闸的内部结构，了解车辆探测器的安装位置及接线方法。

4）了解道闸一体机的接线情况。

① 网络接线：车牌识别一体摄像机→道闸控制机→操作台交换机→机柜交换机→路由器。

② 电源接线：操作台空气开关（AC 220V）→道闸空气开关（AC 220V）→道闸电控主板。

③ 地感线圈接线：落杆线圈→车辆探测器。

5）了解道闸一体机 IP 地址。

停车场	出入口	道闸一体机 IP 地址
1 号停车场	入口	192.168.8.11
	出口	192.168.8.12
2 号停车场	入口	192.168.8.13
	出口	192.168.8.14
3 号停车场	入口	192.168.8.15
	出口	192.168.8.16
4 号停车场	入口	192.168.8.17
	出口	192.168.8.18

2. 配置道闸一体机

1）登录 L 板。

方法：打开浏览器，输入主控板 IP，按 Enter 键，进入登录界面。输入"账户名称"和"账户密码"后，单击"登录"（默认登录账户/密码：admin/dr123456）。

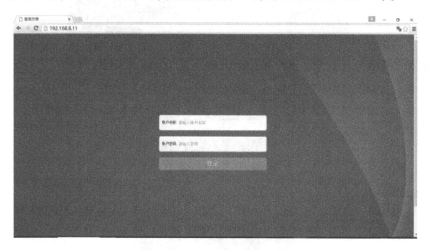

2）配置网络参数。

配置"服务器地址"和"主板相关网络参数"后，单击"更新"，等待设备更新成功。

① 服务器地址即停车场服务器 IP 地址。

② 主板 IP 地址即 L 控制板 IP 地址。

③ 服务器端口：1883（默认，请勿更改）。

3）显示屏工作参数设置。每行显示内容和速度，根据实际需求做选择。一般选择方式为先"读取"，然后修改，确认后单击"提交"，等待设备更新成功。

注意：横屏 LED 每行显示颜色必须一致且为红色。

4）配置摄像机。

单击"重新设置摄像机",等待设备更新成功后,单击"获取摄像机访问入口",弹出如下界面。

单击"1路摄像机转发提交",等待设备更新成功;然后,单击"2路摄像机转发提交",等待设备更新成功。

说明:"1路"和"2路"摄像机只能访问其中一个,访问摄像机时需要先单击对应"转发提交",然后单击对应"访问入口"。

例如,若要访问"1路"摄像机,则先单击"1路摄像机转发提交",然后单击"获取1路摄像机访问入口";若要访问"2路"摄像机,则先单击"2路摄像机转发提交",然后单击"获取2路摄像机访问入口"。单击完成后,跳转到摄像机登录界面(默认登录账户/密码:admin/admin)。

登录停车场后台管理系统(192.168.8.2)(用户名:admin,密码:123456),进入岗亭管理界面,查看刚设置的控制板是否正常连接到服务器。

5）添加岗亭。

6）添加控制器。

3. 安装、系统调试成果（可做成电子版进行归档，格式要求如下）

序号	安装与配置项目	配置结果
1	安装、连接道闸一体机	
2	系统调试	
3	道闸一体机系统执行指令	

质量检查	成绩：
请指导教师检查本组作业结果，并针对问题提出改进措施及建议。	
综合评价	
建议	

评价反馈	成绩：

根据自己在课堂中的实际表现进行自我反思和自我评价。

自我反思：

自我评价：

任务评价表

评价项目	评价标准	配分	得分
理论知识学习	知识目标达成度	15	
信息收集	完成信息收集	5	
制订计划	计划制订合理	10	
计划实施	认知道闸一体机结构	10	
	道闸一体机的配置	40	
	成果展示	10	
质量检查	任务达成度	5	
评价反馈	能对自身进行客观评价和发现问题	5	
总得分	任务完成度	□基本完成　□良好　□优秀	
教师评语			

任务工单 5 车辆检测设备的安装与调试

学　　院		专　　业		姓　　名	
学　　号		小　　组		组长姓名	
指导教师		日　　期		成　　绩	

任务目标

1）掌握各类型车辆检测设备的安装步骤与方法。

2）使用各型车辆检测设备对车辆进行检测。

任务准备	成绩：

1）检查车辆检测设备配件是否完整：是□　否□

2）检查车辆检测设备是否正常：是□　否□

3）检查工具是否齐全：是□　否□

制订计划	成绩：

1）根据任务目标，制订计划。

操作流程		
序号	项目	目的描述
1	安装地感线圈检测器、红外线雷达检测器、防砸雷达	
2	系统调试	
3	清点配件及工具	
4	按流程安装	
5	配置	
6	汇总、分析、整理资料	
7	提交作业成果、交流讨论	
计划 审核	审核意见： 签字：　　　　　年　月　日	

2）完成分组（建议 3~5 人一组）。

值班组长（负责整个任务的统筹、安排、沟通、协调）		展示员（负责资料汇总、整理；在组间交流环节代表小组发言）	
记录员（负责调查数据的收集、整理）		组员（负责具体任务的开展）	

3）任务注意事项。

①严格遵守用电规则，注意人身安全。

②互帮互助，相互督促。

4）设备、工具、材料清点。

序号	名称	数量	是否清点
1	地感线圈检测器	1	是□　否□
2	防砸雷达	1	是□　否□
3	红外线雷达检测器	1	是□　否□
4	测试软件平台	1	是□　否□
5	电动工具(电钻及电池等)	1	是□　否□
6	螺钉旋具、电胶带、扎线带	若干	是□　否□
7	万用表	1	是□　否□
备注			

计划实施	成绩：

1. 安装与调试地感线圈检测器

注意：以下操作在操作台上进行。

1）断开操作台空气开关（必须断开操作台电源，严禁带电操作）。

2）取下地感线圈检测器，了解检测器上面的接口说明。

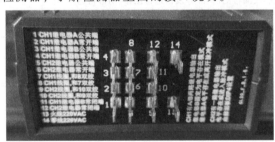

3）使用聚乙烯绝缘线制作一个大小合适的线圈，馈线双绞处理后接到检测器的7、8接口，然后将地感线圈平稳放在地面或者操作台面上。

4）检测器的信号输出1、2接口接到操作台 I/O 控制板。

5）检查检测器电源线（13、14接口，AC 220V接口）。

6）将检测器安装到底座上，并给操作台上电（闭合操作台空气开关），观察检测器指示灯状态。

7）待检测器指示灯绿灯亮起后，让车辆（或其他带金属的物体）从线圈上方经过，同时观察检测器指示灯状态；车辆经过时，红灯亮起，表示检测到车辆（或物体）。

8）尝试调节检测器的灵敏度和频率，复位后，测试各种灵敏度和频率下检测器检测车辆的情况。

9）将检测器与模拟道闸进行联动测试，了解道闸落杆的工作原理。

2. 安装与调试防砸雷达

防砸雷达的安装：

步骤1：确定检测区域。触发雷达：安装在独立的雷达专用立柱上。防砸雷达：可以安装在道闸机箱体上。

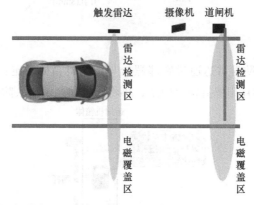

了解雷达可以检测的车道宽度、雷达检测角度等。

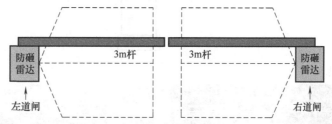

步骤2：确认防砸雷达安装孔位。防砸雷达要求垂直于车道（车辆进出）方向，安装在道闸机箱体上。内侧距防砸雷达安装孔位：100～150mm（直杆道闸）或250～300mm（栅栏道闸），距车道地面（非水泥墩）600～700mm。

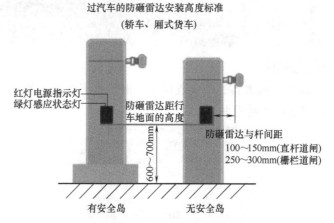

有半挂车、水泥罐车等底盘高度超过1m的车辆出入场景，建议采用双雷达安装方案或人工遥控控制闸杆。在此场景下，雷达的安装高度标准应高于700mm。

步骤3：开孔。使用电钻在道闸机箱体选定位置处钻孔（例如某品牌的防砸雷达需要M8的固定孔位，推荐开孔钻头直径为8mm）。

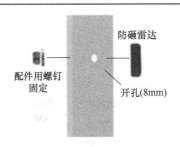

步骤4：安装固定。防砸雷达通过底部螺栓与道闸机箱体固定：首先将防砸雷达塞入道闸机箱体中，然后盖上垫片用螺钉锁紧固定，再将线束端朝下插入防砸雷达并将金属扣锁紧。

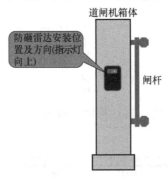

安装完成效果：

步骤5：防砸雷达的调试。

① 防砸雷达接口线束：防砸雷达的接线端子一般包含下表所示的线缆，不同品牌和型号略有不同，具体应阅读产品说明书。

防砸雷达接口线缆说明（仅供参考）

序号	线缆标识	线缆颜色	说明
1	12V	红色	电源正极
2	GND	黑色	电源负极
3	GND	黄色	预留共地线
4	B-/RX	白色	RRL RX或485 B-
5	A+/TX	灰色	RRL TX或485 A+
6	常开1	蓝色	常开1
7	常开1	绿色	常开1
8	常开2	棕色	常开2
9	常开2	紫色	常开2
10	输入	橘色	输入

② 电源连接：红线"12V"接12V电源正极输出端；黑线"GND"连接12V电源负极输出端。

③ 一键调距：橘线5V通过拨码端子与黄线"预留共地线"连接（拨码端子分为ON端、1端）。

④ 闸杆控制信号：绿线和蓝线为继电器常开信号1，连接道闸控制盒的地感线圈端子和公共端子（不区分正、负）；棕线和紫线为继电器常开信号2，连接道闸控制盒的地感线圈端子和公共端子（不区分正、负，备用）。

⑤ 防砸雷达感应距离设置：防砸雷达采用拨码开关设置距离，可灵活满足不同宽度闸道口应用，调节拨码开关"1""2""3"拨码键状态，可设置共8个档位距离（"4"拨码键是测试档位）。

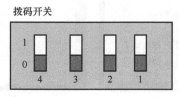

⑥ 使用拨码开关配置防砸雷达（直杆道闸）：将闸杆抬起，人站立在防砸雷达正前方需要设置距离位置，先将拨码开关拨到ON端，再给防砸雷达供电，防砸雷达会出现绿灯快闪，直到防砸雷达出现绿灯常亮（表示距离已设置完成），此时应将防砸雷达断电，将拨码开关拨到1端，保存防砸雷达设置参数。

注意：

① 调距和杆型选择是同时进行的，若只进行杆型选择，则系统会设置默认距离，默认设置距离为6m。

② 雷达的红色线接DC 12V正极，黑色线接DC 12V负极；蓝黄或蓝白信号线接到道闸控制板上的信号输入端与公共端子上。

③ 遮挡防砸雷达的正面，观察RUN灯是否变为常亮。常亮代表防砸雷达检测到道闸下有物体。

④ 用道闸控制板的遥控控制道闸模拟装置进行落杆。在落杆的过程中，如果防砸雷达检测到物体，可看到道闸模拟装置会自动抬起，防止栏杆伤害到人或车。

⑤ 防砸雷达检测距离可通过防砸雷达左边的拨码开关进行设置，通过调节拨码开关，可以判断检测距离是否发生变化。

拨码	检测距离/m
0000	2
0100	2.5
0010	3
0110	3.5
0001	4
0101	4.5
0011	5
0111	6

⑥ 设置不同的检测范围，可对防砸雷达与模拟道闸进行联动测试，了解防砸雷达的工作原理。

3. 安装与调试红外线雷达检测器

注意：以下操作在操作台上进行。

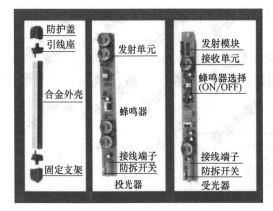
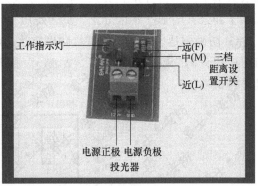

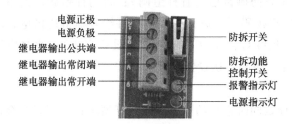

受光器

① 将开关电源的12V电源分别接投光器与受光器的电源正、负极。

② 将受光器的输出端接到道闸控制板的信号输入端与公共端。

③ 根据实际距离，通过3档距离设置开关来设置投光器的距离。

④ 通过遮挡红外线对射发射单元，用万用表测量受光器的继电器输出端是否有变化，以此判断光栅工作是否正常。

⑤ 在道闸模拟装置落杆过程中，遮挡红外线对射发射单元，可看到栏杆会自动抬起，与防砸雷达的效果一致。

4. 安装、系统调试成果（可做成电子版进行归档，格式要求如下）

序号	安装与配置项目	配置结果
1	防砸雷达、红外线检测器安装、连接车辆检测设备	
2	系统调试	
3	检测设备的信息采集	

质量检查	成绩:
请指导教师检查本组作业结果，并针对问题提出改进措施及建议。	

综合评价	
建议	

评价反馈	成绩:
根据自己在课堂中的实际表现进行自我反思和自我评价。 自我反思: 自我评价:	

任务评价表

评价项目	评价标准	配分	得分
理论知识学习	知识目标达成度	15	
信息收集	完成信息收集	5	
制订计划	计划制订合理	10	
计划实施	安装与调试地感线圈检测器	20	
	安装与调试防砸雷达	15	
	安装与调试红外线雷达检测器	15	
	成果展示	10	
质量检查	任务达成度	5	
评价反馈	能对自身进行客观评价和发现问题	5	
总得分	任务完成度	□基本完成　□良好　□优秀	
教师评语			

任务工单6 车位相机的安装与调试

学　　院		专　　业		姓　　名	
学　　号		小　　组		组长姓名	
指导教师		日　　期		成　　绩	

任务目标

　　1）掌握车位相机的安装步骤与方法。

　　2）使用车位相机进行车位检测。

任务准备	成绩：

　　1）检查车位相机配件是否完整：是□　否□

　　2）检查车位相机设备是否正常：是□　否□

　　3）检查工具是否齐全：是□　否□

制订计划	成绩：

　　1）根据任务目标，制订计划。

<table>
<tr><td colspan="3" align="center">操作流程</td></tr>
<tr><td>序号</td><td>项目</td><td>目的描述</td></tr>
<tr><td>1</td><td>安装车位相机</td><td></td></tr>
<tr><td>2</td><td>系统调试</td><td></td></tr>
<tr><td>3</td><td>清点配件及工具</td><td></td></tr>
<tr><td>4</td><td>按流程安装</td><td></td></tr>
<tr><td>5</td><td>配置</td><td></td></tr>
<tr><td>6</td><td>汇总、分析、整理资料</td><td></td></tr>
<tr><td>7</td><td>提交作业成果、交流讨论</td><td></td></tr>
<tr><td>计划
审核</td><td colspan="2">审核意见：

　　　　　　　　　　　　　签字：　　　　　年　　月　　日</td></tr>
</table>

　　2）完成分组（建议3~5人一组）。

值班组长(负责整个任务的统筹、安排、沟通、协调)		展示员(负责资料汇总、整理；在组间交流环节代表小组发言)	
记录员(负责调查数据的收集、整理)		组员(负责具体任务的开展)	

32

3）任务注意事项。

① 严格遵守用电规则，注意人身安全。

② 互帮互助，相互督促。

4）设备、工具、材料清点。

序号	名称	数量	是否清点
1	车位相机及配件	1	是□ 否□
2	电动工具(电钻及电池等)	1	是□ 否□
3	螺钉旋具、电胶带、扎线带	若干	是□ 否□
4	万用表	1	是□ 否□
备注			

计划实施	成绩：

1. 掌握车位相机安装要求

1）车位相机安装高度推荐值。

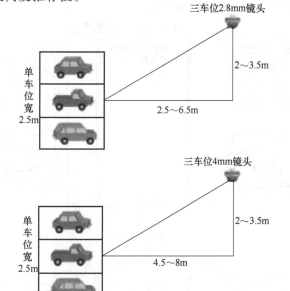

2）车位相机安装方案——通道中间安装。

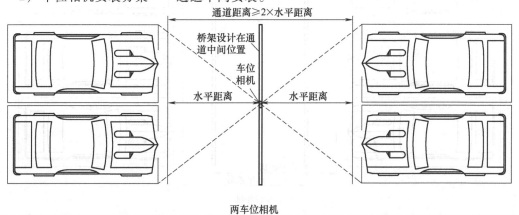

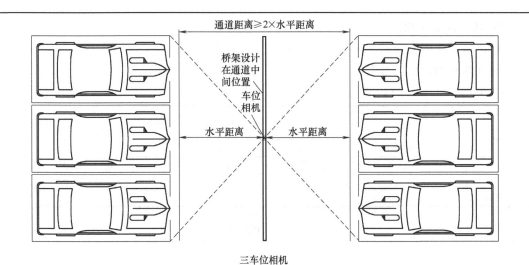

三车位相机

3）车位相机安装方案——通道两侧安装。

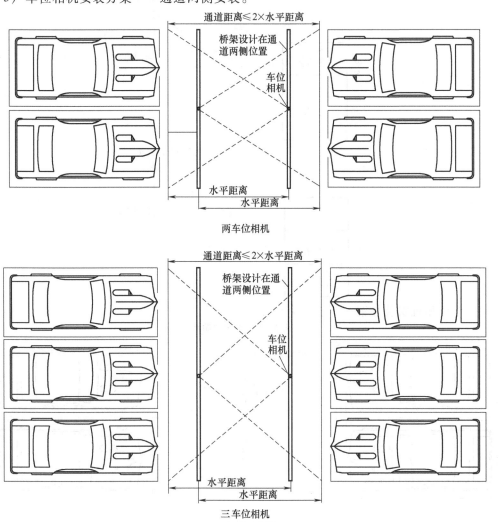

两车位相机

三车位相机

4）车位相机固定方式。

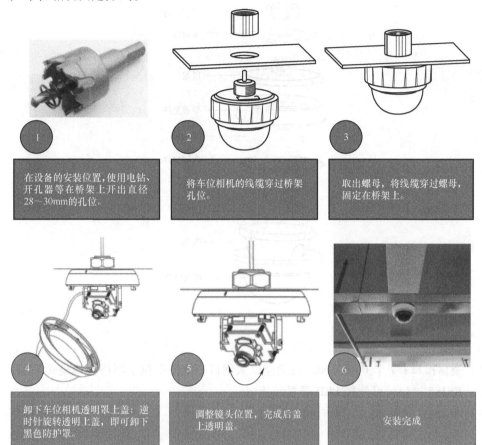

1	在设备的安装位置，使用电钻、开孔器等在桥架上开出直径28～30mm的孔位。
2	将车位相机的线缆穿过桥架孔位。
3	取出螺母，将线缆穿过螺母，固定在桥架上。
4	卸下车位相机透明罩上盖：逆时针旋转透明上盖，即可卸下黑色防护罩。
5	调整镜头位置，完成后盖上透明盖。
6	安装完成

5）车位相机镜头调整。

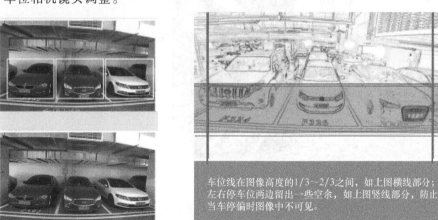

车位线在图像高度的1/3～2/3之间，如上图横线部分；左右停车位两边留出一些空杂，如上图竖线部分，防止当车停偏时图像中不可见。

2. 安装车位相机

根据安装示意图，自下而上安装车位相机，并固定于龙门架上。

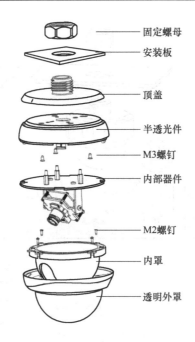

固定螺母
安装板
顶盖
半透光件
M3螺钉
内部器件
M2螺钉
内罩
透明外罩

3. 连接车位相机电源、数据接口

1）通信接口：2 个 RJ45 100M 自适应以太网口，支持手拉手网络接线模式。

2）RS485 接口：可外接 LED 屏显示接口。

3）AC 24V 电源接口：为车位相机供电。

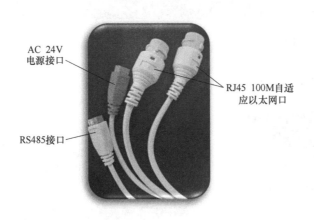

AC 24V
电源接口
RJ45 100M自适
应以太网口
RS485接口

4. 连接车位相机线缆

车位相机与系统连接流程如下。

1）步骤 1（网络连接）：车位相机→操作台交换机→机柜交换机→路由器。

2）步骤 2（电源连接）：4 号电源集中控制器（AC 24V）→车位相机（AC 24V）。

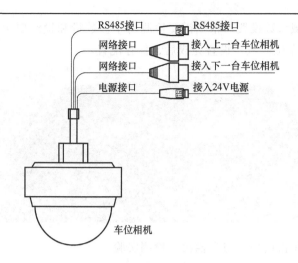

车位相机

5. 系统调试

步骤1：登录管理系统。打开浏览器，输入车位相机的 IP 地址，进入登录界面（例如，用户名：admin，密码：admin）。

步骤2：在系统显示的画面中，调整车位相机拍摄距离和角度（最多只能检测3个车位）。

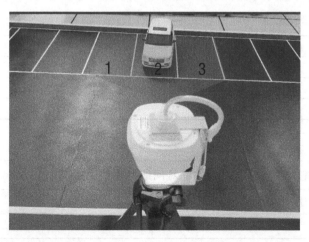

步骤 3：视频区域参数设置。根据需要检测的车位数量和检测要求，设置相应的参数，并在图像中设置检测车位区域。设置完成后，保存配置。

步骤 4：进行车位占用检测与车辆信息检测实验。

车位相机检测效果测试：在被测试车位中，放入车辆，观察车位相机检测效果；根据检测效果，调整车位相机检测距离、角度和检测区域，直至得到理想的检测效果。

车位相机状态

车位1		车位2		车位3	
时间	2021-05-17 09:39:30	时间	2021-05-17 09:39:18	时间	2021-05-17 09:38:33
车牌号	湘A□□□7	车牌号	湘A□□□1	车牌号	湘A□□警
车位状态	**占用**	车位状态	**占用**	车位状态	**占用**
车头图像		车头图像		车头图像	

6. 安装、系统调试成果（可做成电子版进行归档，格式要求如下）

序号	安装与配置项目	配置结果
1	车位相机安装、连接	
2	系统调试	
3	车位相机与系统信息采集	

质量检查	成绩：
请指导教师检查本组作业结果，并针对问题提出改进措施及建议。	
综合评价	
建议	

评价反馈	成绩：

根据自己在课堂中的实际表现进行自我反思和自我评价。

自我反思：

自我评价：

任务评价表

评价项目	评价标准	配分	得分
理论知识学习	知识目标达成度	15	
信息收集	完成信息收集	5	
制订计划	计划制订合理	10	
计划实施	掌握车位相机安装要求	5	
	安装车位相机	10	
	连接车位相机电源、数据接口	10	
	连接车位相机线缆	10	
	系统调试	15	
	成果展示	10	
质量检查	任务达成度	5	
评价反馈	能对自身进行客观评价和发现问题	5	
总得分		任务完成度	□基本完成　□良好　□优秀
教师评语			

学　　院		专　　业		姓　　名	
学　　号		小　　组		组长姓名	
指导教师		日　　期		成　　绩	

任务目标

　　1）掌握引导屏与查询机的安装步骤与方法。

　　2）使用引导屏与查询机进行车位引导与查询。

任务准备	成绩：

　　1）检查引导屏与查询机配件是否完整：是□　否□

　　2）检查引导屏与查询机设备是否正常：是□　否□

　　3）检查工具是否齐全：是□　否□

制订计划	成绩：

　　1）根据任务目标，制订计划。

操作流程		
序号	项目	目的描述
1	安装引导屏与查询机	
2	系统调试	
3	清点配件及工具	
4	按流程安装	
5	配置	
6	汇总、分析、整理资料	
7	提交作业成果、交流讨论	

计划 审核	审核意见： 　　　　　　　　　　　　　　　　签字：　　　　年　　月　　日

　　2）完成分组（建议3~5人一组）。

值班组长（负责整个任务 的统筹、安排、沟通、协调）		展示员（负责资料汇总、 整理；在组间交流环节代表 小组发言）	
记录员（负责调查数据的 收集、整理）		组员（负责具体任务的开 展）	

　　3）任务注意事项。

　　① 严格遵守用电规则，注意人身安全。

　　② 互帮互助，相互督促。

4）设备、工具、材料清点。

序号	名称	数量	是否清点
1	引导屏与查询机及配件	1	是□　否□
2	电动工具(电钻及电池等)	1	是□　否□
3	螺钉旋具、电胶带、扎线带	若干	是□　否□
4	万用表	1	是□　否□
5	测试计算机	1	是□　否□
备注			

计划实施	成绩：

1. 掌握引导屏的安装要求

1）引导屏一般安装在行车方向的岔路口。

2）安装方式是使用吊顶安装，安装高度不得低于车场内限高高度。

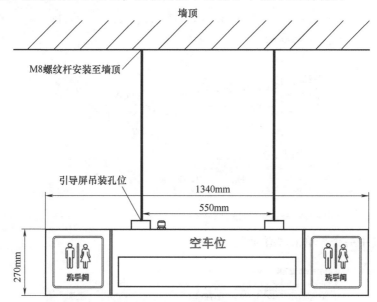

2. 了解引导屏的接线情况（打开后盖进行观看或接线）

网络接线：引导屏→操作台交换机→机柜交换机→路由器。

电源接线：操作台空气开关（AC 220V）→引导屏（AC 220V）。

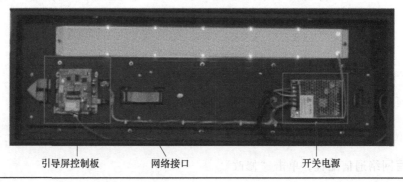

41

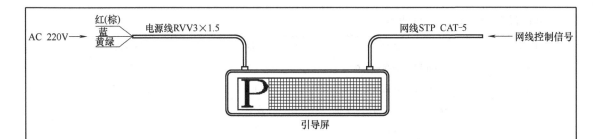

3. 了解引导屏的 **IP** 地址（IP 地址的设置与修改以及显示内容的修改）

引导屏 1 的 IP 地址：192.168.8.31。

引导屏 2 的 IP 地址：192.168.8.32。

修改引导屏 IP 地址过程如下。

1）打开主控板配置工具，单击"广播搜索"。

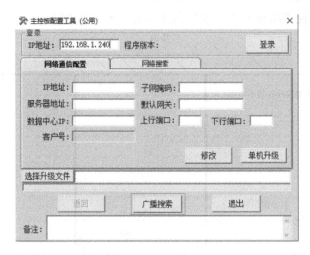

2）选中其中一个，单击"登录"。

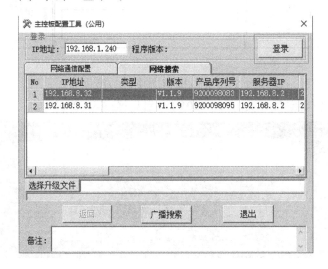

3）填写网络通信配置，单击"修改"。

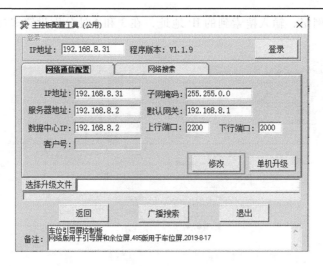

4）打开车位屏配置工具。

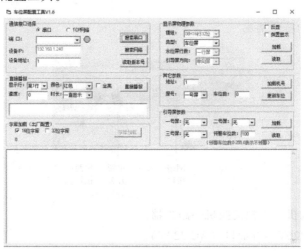

5）单击"搜索串口"。

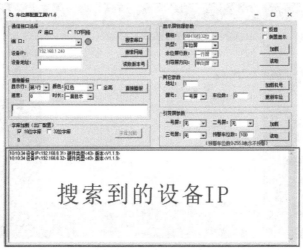

6）选择 TCP 网络，输入搜索到的 IP 地址，在 3 和 4 处分别设置车位数与预警车位数。

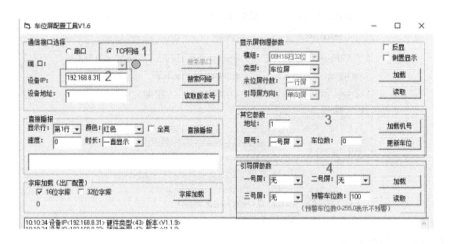

4. 了解查询机的接线情况

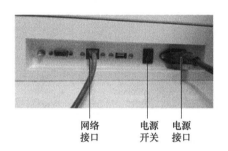

网络接线：查询机→机柜交换机→路由器。
电源接线：AC 220V→查询机（AC 220V）。
查询机的 IP 地址：192.168.51.127。

5. 查询机 IP 地址设置

1）设置引导屏网络连接的方式：无线网络或以太网模式；以太网模式下分配设备静态 IP 地址。

2）输入管理服务器网络地址信息，进行查询机与车位相机信息端口设置（用于核实车辆信息）。

3）在查询机屏幕右上角，单击日期和时间位置，设置时间与地区信息。

4）本机信息设置完成后，系统会弹框提示，绑定其他可关联查询机；输入相应查询机 IP 地址，完成绑定。

6. 添加车位相机、引导屏、查询机到车位引导系统

1）登录车位引导系统（例如，用户名：admin，密码：123456）。

2）添加楼层与区域。

3）添加车位相机（检测器）。

4) 添加成功后可看到车位情况。

5) 添加引导屏。

6）添加成功后可查看相关信息。

7）单击"修改"，可修改关联车位与引导屏箭头方向。

8）添加查询机（寻车机）。

在位置方向栏，应填写查询机（寻车机）相对于地图顺时针方向旋转的角度。

9）寻车地图设置。

7. 安装、系统调试成果（可做成电子版进行归档，格式要求如下）

序号	安装与配置项目	配置结果
1	引导屏的安装、连接	
2	系统调试	
3	引导屏的数据通信与显示	

质量检查	成绩：
请指导教师检查本组作业结果，并针对问题提出改进措施及建议。	

综合评价	
建议	

评价反馈	成绩：
根据自己在课堂中的实际表现进行自我反思和自我评价。	

自我反思：

自我评价：

任务评价表

评价项目	评价标准	配分	得分
理论知识学习	知识目标达成度	15	
信息收集	完成信息收集	5	
制订计划	计划制订合理	10	
计划实施	掌握引导屏的安装要求	5	
	了解引导屏的接线情况	5	
	了解引导屏的 IP 地址	15	
	了解查询机的接线情况	5	
	查询机 IP 地址设置	5	
	添加车位相机、引导屏、查询机到车位引导系统	20	
	成果展示	5	
质量检查	任务达成度	5	
评价反馈	能对自身进行客观评价和发现问题	5	
总得分		任务完成度	□基本完成　□良好　□优秀
教师评语			

50

学　　院		专　　业		姓　　名	
学　　号		小　　组		组长姓名	
指导教师		日　　期		成　　绩	

任务目标

1）掌握后台管理系统配置的步骤与方法。

2）使用后台管理系统对停车场进行管理。

任务准备	成绩：

1）检查后台管理系统计算机是否工作正常：是□　否□

2）检查后台管理系统计算机所在局域网络是否正常：是□　否□

3）检查工具是否齐全：是□　否□

制订计划	成绩：

1）根据任务目标，制订计划。

操作流程		
序号	项目	目的描述
1	后台管理系统软件配置	
2	系统调试	
3	清点配件及工具	
4	按流程操作	
5	配置	
6	汇总、分析、整理资料	
7	提交作业成果、交流讨论	

计划 审核	审核意见： 　　　　　　　　　　　　　　签字：　　　　　年　月　日

2）完成分组（建议 3~5 人一组）。

值班组长（负责整个任务的统筹、安排、沟通、协调）		展示员（负责资料汇总、整理；在组间交流环节代表小组发言）	
记录员（负责调查数据的收集、整理）		组员（负责具体任务的开展）	

3）任务注意事项。

① 严格遵守用电规则，注意人身安全。

② 互帮互助，相互督促。

4）设备、工具、材料清点。

序号	名称	数量	是否清点
1	测试计算机	1	是□ 否□
2	管理软件	1	是□ 否□
备注			

计划实施	成绩：

1. 后台管理软件登录

打开浏览器，输入服务器地址，进入登录界面。输入登录账号"admin"和初始密码"123456"，单击"快速登录"，进入停车场管理系统。

初次登录时，应对系统进行安全设置，包括设置系统的 logo、网络配置，进行系统数据备份及在线升级。

2. 用户设置

1）用户管理：包括新增、修改、禁用、删除、重置用户，分配用户权限，查询用户信息。

2）用户组管理：新增、修改、删除用户组，分配用户权限。

3）操作日记：查询系统操作记录。

3. 车辆管理

1）车场系统设置：车场系统各种参数设置。

2）岗亭设置：添加、删除岗亭，远程开、关闸，控制器设置、岗亭监控等操作。

3）收费标准设置：新增、修改、删除和测试各类收费标准。

4) 商家优惠设置：商家及商家客户停车场使用优惠方式设置。

4. 特殊设置

1) 账户设置1：自定义停车场使用账户。

2) 账户设置2：设置自定义的停车场账户收费标准。

3) 车辆出、入限制：对特定账户进行限制出、入时间段的设置。

4）免费车设置：设置免费车的类型。

5）特殊车辆设置：设置黑名单或者其他特殊车辆进、出停车场规则。

6）车场权限级别：设置操作岗亭权限。

5. 长租管理

1）车牌授权：以车牌录入用户信息。

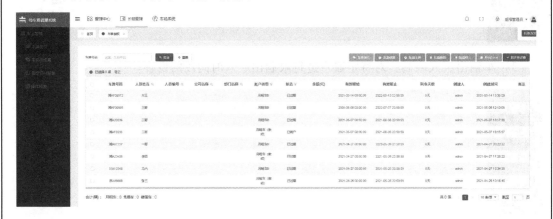

2）车位组设置：分组管理车位。

6. 报表查询

通过报表查询功能，可以查询及导出各种统计报表。

7. 安装、系统调试成果（可做成电子版进行归档，格式要求如下）

序号	安装与配置项目	配置结果
1	后台管理软件各功能区是否配置正确	
2	系统功能调试	
3	后台软件配置后功能实现情况	

质量检查	成绩：
请指导教师检查本组作业结果，并针对问题提出改进措施及建议。	

综合评价	
建议	

评价反馈	成绩：

根据自己在课堂中的实际表现进行自我反思和自我评价。

自我反思：

自我评价：

任务评价表

评价项目	评价标准	配分	得分
理论知识学习	知识目标达成度	15	
信息收集	完成信息收集	5	
制订计划	计划制订合理	10	
计划实施	后台管理软件登录	5	
	用户设置	10	
	车辆管理	10	
	特殊设置	15	
	长租管理	10	
	报表查询	5	
	成果展示	5	
质量检查	任务达成度	5	
评价反馈	能对自身进行客观评价和发现问题	5	
总得分		任务完成度	□基本完成　□良好　□优秀
教师评语			

学　院		专　业		姓　名	
学　号		小　组		组长姓名	
指导教师		日　期		成　绩	

任务目标

　1）掌握岗亭系统调试的步骤与方法。

　2）使用岗亭系统对停车场进行管理。

任务准备	成绩：

　1）检查岗亭系统计算机是否正常：是□　否□

　2）检查所在局域网与服务器通信是否正常：是□　否□

　3）检查局域网是否正常：是□　否□

制订计划	成绩：

　1）根据任务目标，制订计划。

操作流程		
序号	项目	目的描述
1	岗亭系统调试	
2	系统调试	
3	清点配件及工具	
4	按流程安装	
5	配置	
6	汇总、分析、整理资料	
7	提交作业成果、交流讨论	
计划 审核	审核意见： 签字：　　　　年　月　日	

　2）完成分组（建议3~5人一组）。

值班组长（负责整个任务的统筹、安排、沟通、协调）		展示员（负责资料汇总、整理；在组间交流环节代表小组发言）	
记录员（负责调查数据的收集、整理）		组员（负责具体任务的开展）	

3）任务注意事项。

① 严格遵守用电规则，注意人身安全。

② 互帮互助，相互督促。

4）设备、工具、材料清点（序号 3、4 请补充）。

序号	名称	数量	是否清点
1	测试计算机	1	是□　否□
2	岗亭管理软件	1	是□　否□
3			是□　否□
4			是□　否□
备注			

计划实施	成绩：

1. 岗亭系统登录

在浏览器输入服务器 IP 地址：192.168.8.2。

选择操作台对应的岗亭（用户名：admin，密码：123456）。

2. 了解系统功能模块及含义

系统功能模块包括车道实时监控、车场查询、车辆进出查询、岗亭交接班、统计报表查询等。

3. 车位引导系统登录

打开浏览器，输入服务器地址和端口号（192.168.8.2：8088），进入登录界面。输入登录账号"admin"和初始密码"123456"。输入验证码，单击"登录"，进入车位引导管理系统首页。

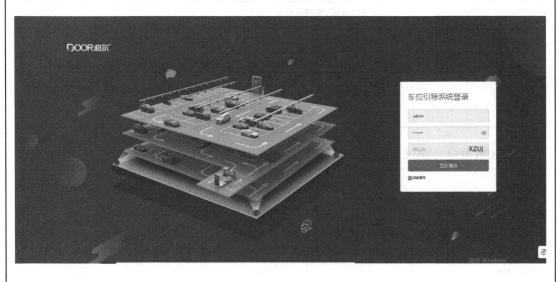

1）车位监控：实时监控车场内车位占用情况。

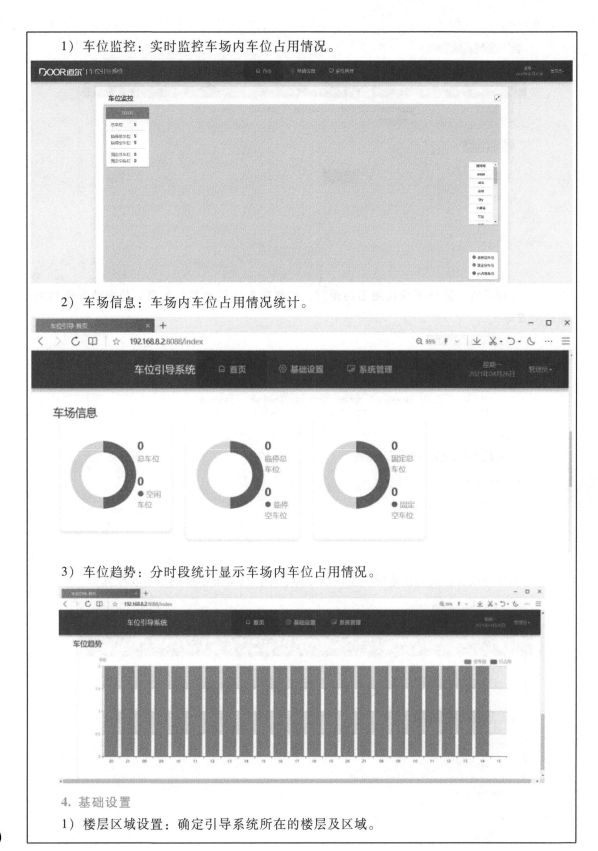

2）车场信息：车场内车位占用情况统计。

3）车位趋势：分时段统计显示车场内车位占用情况。

4. 基础设置

1）楼层区域设置：确定引导系统所在的楼层及区域。

2）车位设置：进行车位检测器的配置，如视频车位检测器的配置、超声波车位检测器的配置等。

3）引导屏设置：进行落地屏、室内引导屏、车位屏等显示屏的添加及配置。

4）查询机（寻车机）设置：进行查询机（寻车机）的添加及配置。

5）寻车地图设置：上传寻车地图。

5. 系统管理

1）用户管理：添加、修改、删除车位引导系统用户。

2）广告设置：向查询机添加及发布图片或视频类型广告。

3）系统参数：修改系统参数、名称、logo 等。

4）操作日志：查看系统操作记录。

6. 安装、系统调试成果（可做成电子版进行归档，格式要求如下）

序号	安装与配置项目	配置结果
1	管理计算机安装、连接	
2	系统调试	
3	系统信息采集与管理功能实现情况	

质量检查	成绩:

请指导教师检查本组作业结果，并针对问题提出改进措施及建议。

综合评价	
建议	

评价反馈	成绩:

根据自己在课堂中的实际表现进行自我反思和自我评价。

自我反思：

自我评价：

任务评价表

评价项目	评价标准	配分	得分
理论知识学习	知识目标达成度	15	
信息收集	完成信息收集	5	
制订计划	计划制订合理	10	
计划实施	岗亭系统登录	10	
	了解系统功能模块及含义	10	
	车位引导系统登录	10	
	基础设置	10	
	系统管理	10	
	成果展示	10	
质量检查	任务达成度	5	
评价反馈	能对自身进行客观评价和发现问题	5	
总得分		任务完成度	□基本完成　□良好　□优秀
教师评语			

学　　院		专　　业		姓　　名	
学　　号		小　　组		组长姓名	
指导教师		日　　期		成　　绩	

任务目标

　　能够进行停车场的规划与设计。

任务准备	成绩：

　　1）检查计算机软件是否安装：是□　否□

　　2）检查局域网络是否正常：是□　否□

制订计划	成绩：

　　1）根据任务目标，制订计划。

<table>
<tr><td colspan="3" align="center">操作流程</td></tr>
<tr><td>序号</td><td align="center">项目</td><td align="center">目的描述</td></tr>
<tr><td align="center">1</td><td align="center">审定设计区域资料</td><td></td></tr>
<tr><td align="center">2</td><td align="center">团队分工</td><td></td></tr>
<tr><td align="center">3</td><td align="center">配置</td><td></td></tr>
<tr><td align="center">4</td><td align="center">汇总、分析、整理资料</td><td></td></tr>
<tr><td align="center">5</td><td align="center">提交作业成果、交流讨论</td><td></td></tr>
<tr><td align="center">计划
审核</td><td colspan="2">审核意见：

　　　　　　　　　　　　签字：　　　　　年　　月　　日</td></tr>
</table>

　　2）完成分组（建议 3~5 人一组）。

值班组长(负责整个任务的统筹、安排、沟通、协调)		展示员(负责资料汇总、整理；在组间交流环节代表小组发言)	
记录员(负责调查数据的收集、整理)		组员(负责具体任务的开展)	

　　3）任务注意事项。

　　① 严格遵设计原则，按时完成任务内容。

　　② 互帮互助，相互督促。

4）设备、工具、材料清点。

序号	名称	数量	是否清点
1	设计用计算机	1	是□ 否□
2	绘图、文字编辑软件	1	是□ 否□
备注			

计划实施	成绩：

1. 熟悉实验环境

序号	实验设备	实验范围（最大值）	备注
1	车位	48 个	
2	出入口	4 个（1 进 1 出）	
3	岗亭（操作台）	4 个	操作台
4	停车区域	4 个	可分为 A、B、C、D 区
5	道闸一体机	8 套	
6	车牌识别一体摄像机	8 个	
7	服务器	1 个	
8	车位相机	4 个（每个区域一个）	每个车位相机最多检测 3 个车位
9	引导屏	2 块（双向）	
10	查询机	1 台	

2. 掌握内容及步骤

步骤 1：根据实训环境条件，使用 AutoCAD 或者 Microsoft Office Visio 画出停车场车位布置图，并标出停车场出、入口位置，给每个车位编号。

步骤 2：根据实训环境条件，选择相应设备，设计停车场设备布局，并在步骤 1 完成的车位布置图中画出设备布置图。将车位及设备布置图保存为 PNG 或者 JPG 格式图片备用。

步骤 3：确定所用车位相机需要检测的车位编码（每个车位相机只能检测 3 个车位）。

步骤 4：确定引导屏安装位置及所关联的车位。

步骤 5：确定所使用的设备的默认 IP 地址，并在设备布置图中标注。

步骤 6：画出所设计的停车场系统拓扑结构图。

步骤 7：确定能够进入停车场的车牌类型（车牌识别一体摄像机需要识别的号牌类型）。

步骤 8：进行停车场用户规划，根据停车场管理的需求，对后台管理软件进行数据细化配置。

步骤 9：确定其他特殊情况。

步骤 10：将上面的规划和设计形成设计方案，保存备用。

3. 安装、系统调试成果（可做成电子版进行归档，格式要求如下）

序号	安装与配置项目	配置结果
1	施工图绘制	
2	设计方案	
3	设计方案在实验平台的可行性	

质量检查	成绩：

请指导教师检查本组作业结果，并针对问题提出改进措施及建议。

综合评价	
建议	

评价反馈	成绩：

根据自己在课堂中的实际表现进行自我反思和自我评价。

自我反思：

自我评价：

任务评价表

评价项目	评价标准	配分	得分
理论知识学习	知识目标达成度	15	
信息收集	完成信息收集	5	
制订计划	计划制订合理	10	
计划实施	熟悉实验环境	10	
	掌握内容及步骤	40	
	成果展示	10	
质量检查	任务达成度	5	
评价反馈	能对自身进行客观评价和发现问题	5	
总得分		任务完成度	□基本完成　□良好　□优秀
教师评语			

学　　院		专　　业		姓　　名	
学　　号		小　　组		组长姓名	
指导教师		日　　期		成　　绩	

任务目标

　1）掌握云平台客户端的操作步骤。

　2）能够使用客户端远程对停车场管理系统进行调试。

任务准备	成绩：

　1）检查移动设备配件是否完整：是□　否□

　2）检查客户端软件是否正常：是□　否□

　3）检查通信网络是否正常：是□　否□

制订计划	成绩：

　1）根据任务目标，制订计划。

操作流程		
序号	项目	目的描述
1	完成云平台远程登录	
2	系统调试 1	
3	系统调试 2	
4	清点配件及工具	
5	按流程操作	
6	汇总、分析、整理资料	
7	提交作业成果、交流讨论	
计划 审核	审核意见： 　　　　　　　　　　　　　签字：　　　　　年　　月　　日	

　2）完成分组（建议 3~5 人一组）。

值班组长(负责整个任务 的统筹、安排、沟通、协调)		展示员(负责资料汇总、 整理;在组间交流环节代表 小组发言)	
记录员(负责调查数据的 收集、整理)		组员(负责具体任务的开 展)	

　3）任务注意事项。

　①严格遵守用电规则，注意人身安全。

　②互帮互助，相互督促。

4）设备、工具、材料清点。

序号	名称	数量	是否清点
1	移动设备	1	是□ 否□
2	云平台软件	1	是□ 否□
备注			

计划实施	成绩：

1. 绘制云平台的系统拓扑图

2. 访问云智慧停车系统

访问地址：https：//cloud-2018.drzk.cn/#/login；用户名：JTZY；密码：123456。

3. 停车场云平台应用

1）应用1：查看数据看板。查看可视化运营数据，直观地监控停车场运营情况。

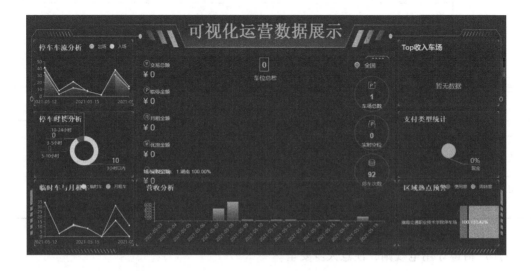

2）应用2：进行停车场远程配置。通过云平台远程配置停车场管理系统相应参数。

3）应用3：进行收费报表统计。远程查询各种运营和财务数据，进行收、退款等业务操作。

4）应用4：公众号运营。选择公众号，弹出对应公众号菜单H5连接，可以直接复制对应的链接添加到微信公众号后台自定义菜单，添加微信公众号对应的功能。

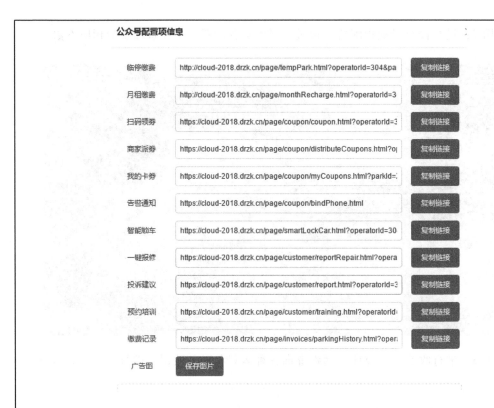

公众号配置项信息

临停缴费	http://cloud-2018.drzk.cn/page/tempPark.html?operatorId=304&pa	复制链接
月租缴费	http://cloud-2018.drzk.cn/page/monthRecharge.html?operatorId=3	复制链接
扫码领券	https://cloud-2018.drzk.cn/page/coupon/coupon.html?operatorId=3	复制链接
商家派券	https://cloud-2018.drzk.cn/page/coupon/distributeCoupons.html?o|	复制链接
我的卡券	https://cloud-2018.drzk.cn/page/coupon/myCoupons.html?parkId=;	复制链接
告警通知	https://cloud-2018.drzk.cn/page/coupon/bindPhone.html	复制链接
智能锁车	https://cloud-2018.drzk.cn/page/smartLockCar.html?operatorId=30	复制链接
一键报修	https://cloud-2018.drzk.cn/page/customer/reportRepair.html?opera	复制链接
投诉建议	https://cloud-2018.drzk.cn/page/customer/report.html?operatorId=3	复制链接
预约培训	https://cloud-2018.drzk.cn/page/customer/training.html?operatorId=	复制链接
缴费记录	https://cloud-2018.drzk.cn/page/invoices/parkingHistory.html?oper:	复制链接
广告图	保存图片	

5）应用5：应用手机APP。

6）应用6：电子发票。电子发票选项用于配置开发票的相关信息。

电子发票配置　　　　　　　　　　　　　　　　　　　　　✕

项目名称　湖南交通职业技术学院停车场

项目编号　X41010000001

版本　◉旧版　○新版　○用友　○高灯

*应用ID　　请输入应用ID

*应用秘钥　请输入应用秘钥

*商品名称　请选择商品名称　　　　　　　　　获取商品列表

商品编码

税率

收款人　　请输入收款人

有效期(天)　180　　天

关闭　保存

7）应用7：支付二维码。可以下载微信/支付宝及二合一场内付款码、出口付款码以及无牌车出、入口二维码。

8）应用8：优惠券。后台可以生成各类优惠券（可免时间、免金额、按折扣减免）并派发给店铺。店铺出示优惠券二维码时，顾客可通过扫描二维码领取优惠券。顾客领用优惠券后，可到卡包中，指定某个车牌使用特定优惠券，同一车辆可一次使用多张优惠券，但只能使用同一类型的优惠券。

9）应用9：其他增值服务。

4. 安装、系统调试成果（可做成电子版进行归档，格式要求如下）

序号	安装与配置项目	配置结果
1	云平台与本体系统通信	
2	系统各功能调试	
3	云平台各功能实现	

质量检查	成绩：

请指导教师检查本组作业结果，并针对问题提出改进措施及建议。

综合评价	
建议	

评价反馈	成绩：

根据自己在课堂中的实际表现进行自我反思和自我评价。

自我反思：

自我评价：

任务评价表

评价项目	评价标准	配分	得分
理论知识学习	知识目标达成度	15	
信息收集	完成信息收集	5	
制订计划	计划制订合理	10	

评价项目	评价标准	配分	得分
计划实施	绘制云平台的系统拓扑图	10	
	访问云智慧停车系统	10	
	停车场云平台应用	30	
	成果展示	10	
质量检查	任务达成度	5	
评价反馈	能对自身进行客观评价和发现问题	5	
总得分	任务完成度	□基本完成　□良好　□优秀	
教师评语			